恰到好处的亲密

Stop Being Lonely

［美］基拉·阿萨特里安 ◎ 著
（Kira Asatryan）

熊思思 ◎ 译

新世界出版社
NEW WORLD PRESS

Stop Being Lonely:Three Simple Steps to Developing Close Friendships and Deep Relationships by Kira Asatryan

Copyright © 2016 by Kira Asatryan

First published in the United States of America by New World Library.This edition arranged through Big Apple Agency Inc.,Labuan,Malaysia.

Simplified Chinese edition copyright © 2017 by Grand China Publishing House

All rights reserved.

本书中文简体字版通过 Grand China Publishing House（中资出版社）授权新世界出版社在中国大陆地区出版并独家发行。未经出版者书面许可，本书的任何部分不得以任何方式抄袭、节录或翻印。

北京版权保护中心引进书版权合同登记 01-2016-8440

图书在版编目（CIP）数据

恰到好处的亲密 /（美）基拉·阿萨特里安著；熊思思译 .-- 北京：新世界出版社，2017.1

ISBN 978-7-5104-6069-2

Ⅰ．①恰… Ⅱ．①基… ②熊… Ⅲ．①人际关系学－通俗读物 Ⅳ．① C912.11-49

中国版本图书馆 CIP 数据核字 (2016) 第 302099 号

恰到好处的亲密

作　　者：	[美]基拉·阿萨特里安（Kira Asatryan）
译　　者：	熊思思
策　　划：	中资海派
执行策划：	黄河 桂林
责任编辑：	贾瑞娜
特约编辑：	张艳 陈冬丽
责任印制：	李一鸣 廖国兰
出版发行：	新世界出版社
社　　址：	北京西城区百万庄大街 24 号（100037）
发 行 部：	(010) 6899 5968　(010) 6899 8705（传真）
总 编 室：	(010) 6899 5424　(010) 6832 6679（传真）
	http：//www.nwp.cn
	http：//www.nwp.com.cn
版 权 部：	+8610 6899 6306
版权部电子信箱：	nwpcd@sina.com
印　　刷：	深圳市彩美印刷有限公司
经　　销：	新华书店
开　　本：	787mm×1092mm　1/32
字　　数：	200 千字　印　张：9.5
版　　次：	2017 年 1 月第 1 版　2017 年 1 月第 1 次印刷
书　　号：	ISBN 978-7-5104-6069-2
定　　价：	39.80 元

版权所有，侵权必究

凡购本社图书，如有缺页、倒页、脱页等装错误，可随时退换。

客服电话：(010) 6899 8638

权威推荐

俞孟成　奇迹学创始人，身心灵作家

终于有人向孤独发起了挑战，并制定了恰当可行的方法，引导人们由孤独中走出来，走向更加亲密的关系。这些有效的方法不仅仅能够改善我们的亲密关系，还能够改善我们的人际关系，这正是《恰到好处的亲密》真正的特别之处，这让我又惊又喜！基拉·阿萨特里安在书中谈到的与自己更亲密的10个方法，非常实用有效，与我在《心灵迷宫脱逃术》中倡导的"唯有修复自我关系，才能够修复一切关系"的想法不谋而合！想要改善亲密关系、社会关系的朋友不要错过这本好书！

陶思璇　博士，两性情感魅力教练

我们都遇到过想深入了解某个人，却不得其法的时候，《恰到好处的亲密》专注的就是这个主题：怎样将陌生人变成亲密朋友或伴侣。

苏珊·雷伯恩　临床心理学家，《治愈创造力》(Creative Recovery) 作者之一

尽管我们可以随时方便地与家人、朋友、同事联系，但仍然有很多人感觉孤独、寂寞，因为我们没有发展出亲密关系。

基拉·阿萨特里安的新书，用几个简单实用的方法和建议，帮助我们在生活的各个方面建立完美、深度的人际交往。

杰基·霍尔德　创新教育导师

我很喜欢这本书，它所探讨的话题非常有价值，极为有用。现如今，人们饱受孤独的折磨。基拉·阿萨特里安运用各种方法和敏锐的洞察力，深入挖掘孤独的体验。她在每一章节附以发人深省的问题和提示，文笔流畅优美。全书真实、大胆，又不失善意和温暖。本书绝对是每一个现代人不容错过的必备读物。

查尔斯·J. 索菲　博士，洛杉矶儿童与家庭服务部医疗顾问，《面对面》（*Side by Side*）作者

对很多人而言，孤独是难以摆脱的大麻烦。在基拉·阿萨特里安的新书中，她向我们展现了一种简单有趣、高效实用的解决办法。

安娜·基德拉斯维奇　《零售业透视》（*Retailing Insight*）观察员

互联网、手机、电脑……各种电子科技产品充斥着我们的世界，它们创造了一种我们貌似"亲密"的幻想，实则让我们彼此越来越疏远。

琳达·布卢姆　临床社会工作者，《完美婚姻的秘密》（*101 Things I Wish I Knew When I Got Married and Secrets of Great Marriages*）作者

基拉描述了一种深刻困扰着我们的、隐秘的、痛苦的、难以言状的感觉：孤独。她让我们了解到，与日俱增的孤独感让我们的心灵付出了巨大代价。更重要的是，她告诉我们，只要几个简单的步骤，学会正确地向我们爱的人传递关爱，就能战胜孤独。如果你渴望提升人际关系的品质、让生活更美好，这本书绝对必不可少。

温迪·沃尔什　教授，美国有线电视新闻网人类行为学专家，《医生》(The Doctors)科研杂志奠基人

基拉·阿萨特里安将引领读者一步步走入他们最渴望、最珍视的亲密关系之旅。

鲁内·瓦伊比　《手机依赖症》(Texting in Sick)作者

在这个日新月异、飞速发展的社会，基拉·阿萨特里安为读者构建和发展人际关系提供了有意义的重要线索。手机应用和聊天软件的爆发式增长显而易见，但真正懂得并掌握与人交往的技能，才是我们获得幸福和社会发展的关键。《恰到好处的亲密》不仅仅是一本工具书，更是一本探究如何建立长久、无价的人际关系的优秀社会学教科书。

前　言

朋友圈热闹无比的我依然孤独

当你和朋友、同事聚在一起，是否或多或少地觉得自己是个局外人。当然，年轻人可能会觉得这是多么与众不同、独具一格，就像他们自己一样。良好的人际关系似乎比你想得更难以捕捉、更需要努力维系。尽管有那么多人在极力避免孤身一人，但仍然有很多人被孤独笼罩。

纵观历史，孤独往往源自部落（或族群）驱逐。比如，挑战了某些不可言喻的潜规则，打破了某种应当回避的禁忌。总之，你拉响了警钟，于是被族群孤立，孑然一身，成为孤独的俘虏。当然，这种情况很少见。孤独是例外，而不是常态。

但在当下的西方发达世界，孤独变得越来越像常态，而非例外。几乎人人都曾与孤独斗争过，要找个从没被短暂痛

苦的孤独折磨过的人，简直如大海捞针。然而，你未必懂得，孤独已经不再是从前的模样。

不合群、找不到同伴，不再是孤独的特征。现在，很多看似合群但容易精神紧张、性格敏感的人，常常感到孤独。这种孤独，哪怕是那些在孤独中苦苦挣扎的人，也很难准确定义。这种新型的孤独，不是那种只有少数人会感受到的典型孤独，而是一种心灵的孤独、身心的寂寞，一种我们都曾感受过的孤独。

企图逃避这种微妙又令人困扰的孤独，简直比登天还难！它正变得越来越普遍。大多数人都曾在某一瞬间感到无比孤独。想象一下，当你做完所有该做的事情，长舒一口气时，却突然想到身边连个可以说说话、讨论真正重要的事情的人都没有。那一刻，也许你会意识到，了解你、关心你的人，真是少之又少。

如果你经历过这样的孤独就会发现，摆脱它实在太难了！为了远离寂寞，你尽可能扩大交际圈、维系每一份人际关系，蓦然回首却发现，所有的努力都竹篮打水一场空。这种新型的孤独与饥饿是两码事，当你饥肠辘辘时，哪怕是过期的面包、难以下咽的饭菜，都能给你的胃带来满足感。但是，你用拙劣的方式与他人互动、交往，却不能缓解孤独感，有时甚至会让你们的关系变得更糟。

前言

我希望你明白，不是只有你一人会感觉孤独。放眼社会，孤独感、格格不入的离群感日益滋生，正在成为一种大趋势。2006 年《美国社会评论》（*The American Sociological Review*）杂志的调查显示，平均每个美国人只有 2.08 个可以真正谈心的朋友。这个数字只有 1985 年的 1/3。研究者还发现，25% 的调查对象认为自己没有可以真正交心的朋友。无论从哪个角度看，这种现象都像天方夜谭，完全不合常理。毕竟，发达的现代社会为我们提供了各种渠道，让我们可以随时随地、无距离地沟通。相比我们的祖先，我们与他人联系的速度简直可以媲美超人！照理说，只要我们愿意，永远不可能与他人失去联系；只要我们愿意，每时每刻都能认识新朋友。

尽管我们可以与更多人沟通交流，但为什么彼此间的隔阂却越来越深？孤独并非源自无人可交往，而是缺乏某种必要的感觉——亲密。

当一段关系不够亲密时，你会觉得对方没有真正了解你、关心你。孤独的本质是亲密关系匮乏导致的悲伤。换言之，当双方距离越来越远，悲伤会越来越浓烈。为什么身边的人不能治愈孤独？用心接触他们，就会发现答案。

告诉你个好消息：读完本书，认真按我说的做，你就能和任何中意的伙伴建立亲密关系！你不用变成交际花，而是用本书的方法与一两个人靠得更近，就能跟孤独说再见！

你可以与任何想与你建立亲密关系的人亲密接触，无论你们如何相遇、以何种身份相识，无论她是你的家人、同事、朋友、爱人——只要你努力。甚至，你不仅可以与已经有交情的人更亲密，还可以走进陌生人的内心。

你知道如何才能做到吗？那就是转变视角。你也许会认为人际关系是离散的、复杂的，比如，与家人相处和与商业伙伴接触是完全不同的。但在减少孤独感方面，所有人际关系都需要经历从疏远到靠近的过程。彼此越靠近，人际关系也就越稳定、越满意，孤独感也就越少。

如前所述，只要通过特定的努力，你就能创造亲密。事实上，这只需要两步：第一，增进彼此的了解；第二，为彼此的幸福投入。也就是本书所说的"了解"和"关爱"。

首先，让我们从基础学起。亲密是什么？亲密如何产生？是什么阻碍了亲密的生长环境？我们将改变过时的减轻孤独的方法，把握创造亲密的良机，找到完美伴侣。也就是说，你将掌握了解的艺术：

- 深度对话和沟通；
- 区分需求、价值观与欲望；
- 培养亲密式提问；
- 力图求同存异；

- 有成效地讨论过去和未来；
- 敞开彼此的心扉。

在了解的基础上，你还会进一步掌握关爱的艺术：

- 感受和识别情绪；
- 学会感同身受；
- 团结他人但不迷失自我；
- 长时间地保持关怀。

这是一本帮助你理解孤独感产生原因的教科书，请一定记住，孤独并非是你的错！这也是一本为你提供切实可行、值得信赖的方法、帮你远离孤独的工具书。翻开它、读懂它，创造亲密、减少孤独，就从现在开始！

和许多人一样，你或许正经历着孤独的煎熬，急需良方。亲密，就是孤独的解药。我坚信，你一定能够拥有满意而稳定的人际交往。从现在起，跟我一起学习，创造亲密吧！

目　录

01
社交网络之外的亲密，才能消除你的孤独　1

看穿你的伪装，温暖你的冰冷　4

我们为了什么而存在？遇见想爱的人　8

02
我站在你面前，你却只认得我的朋友圈头像　15

你我朋友环绕，但都咫尺天涯　18

我能随时给你点赞,但不能真的懂你 22

送货到家的生活,让我没机会与人交流 24

03

不是所有的念念不忘,都必有回响 29

爱情:我不愿在你怀里孤独 31

亲情:你是我的港湾,但熨不平我内心的波澜 35

友情:海内存知己?不,弦断有谁听? 39

04

谁是对的人?懂得感受爱、付出爱 47

每一次一见钟情,都是靠近的信号 50

抑住心中乱撞的小鹿,我们还需更多了解 53

真诚表达,让灵魂感受关爱 60

跟超过你交友底线的人说拜拜 64

05

你我都被网络宠坏了:想太多,做太少 71

你是不是"想太多"小姐? 73

你是不是"难移寸步"先生? 79

06
了解：聆听心底最真实的声音　85

情绪的诉求　88

被宠坏的孩子 VS 有梦想的青年　94

抱怨百害无一利？　99

07
聊不起来？可能是你问得不对　103

你的回答是我打开你心门的钥匙　106

"为什么喜欢她"VS"她什么地方最吸引你"　110

你想用柠檬做什么？　112

你听见了他的话，但听懂了吗？　117

别让冷冰冰的网络冷却了你的暖意　121

08
倾听，让亲密在刹那间生根发芽　127

说说生活的这一刻　129

10 年后，你想做什么？　132

读一本叫"过去"的书，了解他的前尘往事　136

听你说，也要听我说　140

09 练就"特异功能":读懂你的心 147

别让负面情绪绑架了理智 150

被屏蔽的情感信号,该如何安放 161

10 牢记对方只是一个普通人,才能真诚交往 165

对人留一线,对问题不留缝 168

根据需要分柠檬,而不是一刀切完事 171

我们无须完美无缺 175

11 点滴小事造就我们的独家记忆 181

站在同一高度交往,才能走向亲密 185

抛开"你",靠近"我",走向"我们" 187

信任他,把后背交给他 189

在他寻求帮助前,保留你的建议 191

让自己成为他的前进方向 194

不可思议的人际关系 196

12
如春雨润物般展现关爱 201

我想知道你的一切,让我陪你哭陪你笑 204

带着理智吵架 209

不走心的道歉:"如果我伤害了你,对不起" 216

13
珍惜一起的日子,留下共同的回忆 221

无处不惊喜,小小事件也可以意义满满 224

嵌入彼此的回忆,拉紧情感的纽带 229

携手攀上幸福阶梯 232

为你付出,我开心至极 235

14
愿你在每一种境况中,都能突围而出 241

既是同事,又可以是亲密伙伴 243

解开家人亲密的谬误 246

谁说友情中只能充满欢声笑语 249

伴侣不是你的所有物,爱情也不是虚无缥缈的 252

15

10 个方法，与自己更亲密　259

方法 1　发现我的美　262

方法 2　问问自己的心，究竟想要什么　263

方法 3　我的人生意义是什么？　264

方法 4　当自己的陌生人　265

方法 5　当自己的编辑，写下自己的故事　266

方法 6　用全部的真心感受自己的情感　267

方法 7　我是独一无二的，但我也是普通人　269

方法 8　多爱自己一点点　270

方法 9　创建属于自己的仪式感　271

方法 10　偶尔也要放下手机　272

附　录　记住这些，才能与他靠得更近　276

关于亲密的 10 个要点　276

创建亲密的 10 个关键　277

实践亲密的 10 个方法　278

简单可行的 10 大妙计　279

结　语　摆脱孤独，从改变自己的做事方式开始　280

01

社交网络之外的亲密，才能消除你的孤独

人性最可怜的就是：我们总是梦想着天边的一座奇妙的玫瑰园，而不去欣赏今天就开在我们窗口的玫瑰。

亲密，健康关系之本，安全感、满足感之温床，却鲜有人真正理解其内涵。事实上，就算把亲密视为爱情、亲情、友情和交情等所有稳定关系的基础也不为过。

然而，我们的社会秉持的信仰之一就是人际关系极为复杂。我们习惯性地认为，所有关系都玄妙深奥，而不仅仅是浪漫的爱情如此。观看一部电影，翻开一本小说，你会看到它们在告诉我们：所有的关系都在崩溃的边缘摇摇欲坠，即使是最美好的爱情也不例外。它们让我们相信：步入婚姻殿堂表示已经被困围城了；同事升职，意味着关系变味；小小的错误举动，让最好的朋友变成最大的敌人。

对于上述见解，我们毫无异议地全盘接收，但细细想来，岂不怪哉？为什么所有人际交往都会惨淡收场？难道人际关系注定充满迷惑？

"我爱他，但他根本不懂我。"

"我当然想和她结婚，但我们没有共同语言。"

"妈妈是我最好的朋友，但她从来没说过我什么好话。"

一路走来，每个人都会和诸如此类的内心冲突做斗争。我爱他，却全然不同意他的选择？家人不接纳我，那么家庭还是最重要的吗？我关心我的合作伙伴，却不信任他？所有的疑问指向同一个问题：关系可以简简单单、明明白白吗？是的，它可以。如果从恰到好处的亲密关系入手，答案就是肯定的。

亲密原则很简单：径直走向对方，体验他/她的内心世界。当两个人靠近彼此的内心世界，亲密感就会油然而生。

一个人的内心世界包括他/她的想法、感受、信仰、喜好、节奏、梦想、故事和经历。关系亲密的两个人，会了解对方的信仰、节奏，沟通和亲近起来更简单、更容易。感同身受、心心相印，彼此的心在一点点靠近，内心世界触手可及。

内心世界越靠近，两人的关系越亲密。亲密越多，距离越近，孤独感就越少。换句话说，亲密，是舒缓寂寞孤独的解药，更是治愈疏远悲伤的良方。它拉近人与人之间的距离，让随之而来的悲伤烟消云散。

看穿你的伪装，温暖你的冰冷

亲密听起来很神奇，但并没有魔法。我们之所以能慢慢走近对方的内心世界，是因为我们付出了特定的努力：了解彼此，关爱彼此。

值得注意的是，我说的了解和关爱是动词的性质，与静态的"我了解你"和"我关心你"完全相反。了解和关爱是一次又一次的行动。仅仅凭借漫漫人生中的某个片段，不足以了解一个人。也不要奢望10年后，你还会和他感觉亲密。长期的亲密关系需要定期的了解和关爱。

了解是一种从对方角度思量的行为，一种用对方的话重述其体验的能力。很好地理解对方，亲历对方的所见所闻，体会对方的所思所想，有助于孕育出亲密的认知。随着时间的推移，这种亲密的认知会让你仅仅坐在对方身边，就能清楚他在想什么。

事实上，这种了解的实质和我们通常所说的了解有很大差别。当我们和某人频繁接触和互动时，就会认为了解对方，进而产生"他是个怎样的人"的想法。例如,霍华德耳软心活，阿什莉总是迟到，珍妮喜欢发脾气，卢克人很好。

这些所谓的"了解"其实是错误的，并不能产生亲密。因为关于杰米是个怎样的人，我们没有客观全面的答案。我们有的只是对杰米的完全主观的个人感受。当你从自己的角度谈论别人时，只是把他当成你生活中的一个角色、一个玩家。这种从自己的角度出发，一切以我为中心的了解，不能孕育出亲密。

比如说阿什莉，"一个总是迟到的人"。你可以认为自己了解她，因为你知道她总是迟到。但你并没有真正了解她，除非你能从她的角度感受她迟到的体验。从阿什莉的角度看，她之所以常常迟到，是因为她总想拼命多做一点事情，比如，在出门前把衣服洗好，或者写完一封邮件。也就是说，你讲的是"一个总是迟到的人"的故事，而阿什莉讲的是"我想多做一点事"的故事。

从对方的角度思量，可以有效创造亲密关系。因为你一旦能够从对方的角度体会她的感受，她就会相信，即使向你透露她的信仰、故事和喜好，你也不会曲解她的内心世界。误会或曲解（阿什莉总是迟到，霍华德耳根子软）是拉远人与人之间距离的主要因素。真诚地感受和了解，则会让彼此的心更贴近、更亲密。真正地在乎、关爱对方，也能带来亲密、缓解孤独。

关爱，意味着照顾彼此的感受，告诉对方"你的幸福，真的对我很重要"，这也是创造亲密关系的强大工具。从健康、安全到满足感、快乐感，这些都是幸福。关爱对方的全部，才能创造亲密关系的情感因素。真诚地看着对方的眼睛,你就能知道他/她在想什么。

从情感共鸣开始,感受关爱的感觉,这是理解关爱的第一步。体验关爱的感觉?听起来似乎很简单。当熟识的朋友遇到困难,大多数人都会不由自主地同情他,从他的角度思量,这就是情感共鸣。情感共鸣是帮助你创造亲密关系的好办法。如果你没那么容易产生情感共鸣,也不用担心,本书将为你提供几个提高情感反应能力的好方法。

关爱不仅仅指情感共鸣,更意味着理解他人健康、快乐的重要性和幸福的珍贵。这种对重要性的感知,是你进入关爱的第二个阶段,那就是:展现你对他人的关爱。

很多所谓展现关爱的办法都是错误的。比如,过于频繁的关爱可能不利于人际关系的进步,也不能创造亲密关系。回想你的经历,你可能会发现,想找到那些发自内心关爱他人的瞬间,犹如大海捞针。为什么会这样?让我来告诉你原因吧。

我们常常被教导,展现关爱就是为他人担忧、急他人之所急。但实际上,这不能真正制造亲密感,因为你的担忧可能会让对方想努力证明万事大吉、一切顺利,以便使你安心。我们也会通过提供建议、直接解决问题来展现关爱,但这对创造亲密关系没有任何帮助,因为这会让你不自觉地拥有某种优越感,站在更高处指导别人,而这很可能让对方埋怨或怨恨你。

真正的亲密，需要你站在全新的视角来展现关爱，积极主动地关注他人的健康与幸福，并告诉她你所看到的一切。请关注对方的行为，让她知道你在关注她，而不是用担忧、建议来"展示"你的关注，这才是一种明智的、贴心的、温暖的关注。

展现关爱真的简单极了。正因为它的简单，我们可以找到很多恰当的方法来展现它。比如，对你几乎天天都能见到的同事展现关爱吧！停在她的办公桌前，看着她的眼睛，轻声问一句："嗨，南希！我发现你今天格外安静。你还好吗？"

轻松、简单、有趣的关注，加上邀请式的分享交流，在任何环境下都恰到好处。尽管关爱是一种情感体验，但它并不涉及隐私，更不会显得过分熟络。关爱只是用心关注，轻松交流而已。你完全可以在关爱他人的同时，继续保持你的职业精神，认真工作。

这种关爱方式，绝对是制造亲密的强大工具。因为它让对方明白，你渴望进入他的内心世界，发自内心地关爱他。无论是伴侣、亲朋、姐妹、同事、同学，关注他们生活的点滴，展现你对他们的关爱吧！用不同形式的关爱，加上真诚用心的了解，就能创造出不可动摇的亲密关系！

了解与关爱，二者可以独立运用，但只有联合起来才能创造真正的亲密。没有了解的关爱不能捕获真心。缺乏关爱

的了解,容易导致被忽视,即使你们志趣相投。换言之,对方了解你,但你却感受不到他对你的重视。

没有了解的关爱,就像是打扰和轻视。"我知道我爸很爱我,但他完全不懂我的生活。"没有关爱的了解,更让人心疼、受伤:"我的闺蜜虽然了解我生活的一切,但怎么没发现我正苦不堪言呢?"

了解与关爱强强联合,才能创造出真正的亲密,这种亲密可以让彼此直抵对方的内心最深处,愿意主动呵护彼此那颗最真的心。那么,如何才能改善人际关系、创造亲密关系?我们还能做得更多吗?

我们为了什么而存在?遇见想爱的人

凝聚了解和关爱的人际关系,绝对益处多多。凭直觉我们都知道,亲密除了能缓解孤独,还能助你过上幸福生活。曾记否,我们通过写诗、作画、歌唱,表达着我们对亲密、爱情、交流的渴望。它们都是经久不衰讨论的主题。

艺术作品通过多种形式,展现获得亲密的快乐,失去亲密的痛苦。同时,科学界也证明了亲密的益处。依恋理论提出者、心理学家约翰·鲍比,对亲密的好处做出了特别好的解释。约翰概括了亲密关系的重要性,并指出:"与他人真正的亲密行为是人类存在的最高价值,对人们的幸福和社会良性运作发挥最大作用的就是亲密关系,没有什么比它更重要!"

"幸福"与"社会良性运作"并不是不切实际的幻想,它们很简单,就是生命中那些能让我们感觉很好、激励我们表现更好的事情。它们的好处很实用。试想一下,每天自然醒和被闹钟吵醒的感觉,是不是很不一样?快乐幸福和悲伤失落的感觉,是不是很不一样?有能力胜任工作和无能气馁的感觉,是不是很不一样?所有这一切都与亲密有关。

无数科学研究和学术文献表明,亲密的人际关系能让我们的心理素质更好、身体更健康、生命更长寿。真诚的了解与关心带来的个人满足感,加上亲密关系带来的各种好处,构成健康、长寿人生的美妙密码。

究竟是什么构筑了亲密关系和更好的身心状况之间的桥梁?答案可能来自格兰特研究。这项研究始于哈佛大学,被称为史上最旷日持久、最具奠基作用的几项社会科学研究之一。1938 年,精神病学家乔治·瓦利恩特和他的医学研究团队主导并发布了"什么样的人,最可能成为人生赢家"的研究课题。研究者以 1939—1944 年的哈佛二年级男生为对象,持续追踪了他们未来 75 年人生的各个方面。

格兰特研究团队选择这样一批实验参与者,是因为他们"拥有强健的体魄、良好的身体素质,并且极可能运用他们的

潜能,成长为一个出色的成年人"。然而,这些孩子并非全部都开始或持续拥有想象中的幸福生活。他们中有一些人沉溺于酒精,一些人承受着儿时经历的心理创伤。但那些工作、生活双丰收的成功者,却有一个共同之处:高度重视亲密关系。正如乔治·瓦利恩特所言:"是亲密关系的强大能量,预示了这些人在人生各个方面都幸福、圆满。"

如果我们将"幸福一生"分类,其中很重要的一类便是"心理健康"。显而易见,亲密关系对改善心理健康有着极大帮助。亲密,让你不再被紧张情绪困扰,让你不再为"没人关心我"而失落,让你不再为失败或挫败烦心,让你不再为"没人了解我"而生气。突然间,好像每个人都对你友善,自我感觉简直好极了!

亲密,除了能改善心理健康状况,从物理学和生物学方面来看,还能缓解孤独感。孤独,就像对免疫系统征税,通过慢性压力来剥夺我们的免疫力。俄亥俄州州立大学行为医学研究中心的学科带头人莉萨·雅雷马克的研究称:"我们通过持续的物理学和生物学研究发现,越孤独的人越容易产生各种身体炎症。而那些善于交际的人更易得到积极、正面的结果。"

不必诧异,在很多方面,孤独和压力对身体的影响都极为相似。孤独,也能让你"压力山大"。你思索"当我需要帮助,该打电话给谁"时，压力就产生了。因此，积极创造亲密关系可以得到和纾解压力一样的效果，也会带来解脱感，让你真正相信他人是值得信赖和托付的。

亲密关系使人们幸福感增加、紧张感减少，这就是长寿的秘诀。2010 年，美国心理学专家朱丽安娜·霍伦斯和蒂莫西·史密斯发现并证实："社会关系对个人死亡率的影响，几乎与抽烟、酗酒等传统因素的影响程度一样，甚至远超缺乏锻炼、肥胖等因素。"可见，人际关系的好坏，已经成为能否开启长寿大门的最关键钥匙。

你可能有一份好工作，小有成就，过得还不错，但孤独感还是一次次袭来。也许，你已经渐渐学会无视被人误解、被人忽略的感觉，并让生活、身体和心灵都变得更美好了。幸运的是，从本书中，你将会学到更多方法，未来的你再也不需要面对这些孤独感，再也不需要无视被人误解、被人忽视的感觉！

提问时间：自我反思

- 请你想一想，是否有那么一瞬间，你认为她真正捕获了你的心。你是如何面对她的？她是怎样让你体会到你的内心感觉的？

- 在这个世界上,你最关心、最在乎的人是谁?
- 你认为他了解你的关心和在乎吗?
- 什么事让你感觉其他人离你的生活越来越远?

挑战自我:学习实践

请拿出一张纸,分别写出符合下列情况的人,并检查他们是否符合"亲密"的标准。

- 你认识的人
- 了解你的人
- 你关爱的人
- 关爱你的人

亲密贴士

亲密，就是径直走向对方，体验他/她的内心世界。亲密，能稳固一切人际关系，爱情、亲情、友情和交情皆是如此。亲密越多，距离越近，孤独感就越少。换句话说，亲密，是舒缓寂寞孤独的解药，是治愈疏远悲伤的良方。它拉近彼此距离，让悲伤烟消云散。

了解和关爱是产生亲密的两大重要方式。了解，是从对方的角度思考问题。关爱，是感知和展现对方的健康、快乐对你来说是多么重要和珍贵。了解与关爱强强联合创造出亲密，一种渴望了解别人最深的自我和保持自我的感觉。

亲密的人际关系能带来三个神奇功效：心理素质更好、身体更健康、生命更长寿。真诚的了解与关爱带来的个人满足感，加上亲密关系带来的各种好处，构成了你健康、长寿人生的美妙密码。

02

我站在你面前,你却只认得我的朋友圈头像

人与人之间最远的距离，不是隔了千山万水，而是心与心的距离。你体会不到别人的感觉，你想象不到别人的爱与思念，你想象不到别人的疼与惜。

在研究如何培养亲密之前，我们首先要理解什么导致了前文所说的"新孤独"。理解这一问题有助于我们更好地找到解决办法。我们经历着这种新孤独，并不是因为我们的生活比我们的祖先更糟糕。我们不是真正意义上与他人的距离越来越遥远，也不是越来越冷漠。事实上，我们可能比上几辈人更渴望亲密。我们越来越多地经历着这样的孤独，因为社会环境瞬息万变，阻碍了亲密的自然生长。我们的社交世界，与过去相比有了太多的不同。越来越多的年轻人为了更好的发展机会而远离故土，于是，过了一定年龄还与家人一起生活就成了某种失败的象征。结婚生子等人生大事和过去相比也被一再推迟。孩提时代的人际关系被中断，成年后的人际关系又一再被拖延,这就影响了很多对我们有益的亲密关系。

社会变化固然重要,但迄今为止,对我们影响最为深远的变化,当属个人科技的发展。科技,从未如此近距离地贴近我们、成为生活必需的一部分。科技,也是第一次如此完整地走进我们的生活,改变我们的思考方式,影响我们的人际关系。个人用户科技产品,特别是互联网、手机和社交网络,已经成为我们的家里、手里、脑海里永远少不了的东西。

毫无疑问,个人用户科技产品为我们提供的便利多不胜数。提到手机和互联网,你可以罗列出各种各样改善你生活的优点。但我认为,个人用户科技产品也给我们的社交生活竖起了一道障碍,阻碍我们与他人自然而然地创建亲密关系。所以,不得不告诉你一个坏消息:你必须主动跨越这些障碍。好消息是,孤独真的不是你的错!你不应该孤独,因为你拥有你的祖父辈们没有的资源;你也不必责备孤独,因为你所处的社会有缺陷。而你之所以孤独,是因为环境与你作对。

科技设置了以下三种障碍,导致我们创造亲密关系、保持亲密变得越来越难。

- 媒介交互模式成为常态。
- 科技创造了不利于培养亲密关系的环境。
- 科技正在减少我们获得亲密的自然机会。

接下来，让我们就上述三点简单聊一聊吧！

你我朋友环绕，但都咫尺天涯

你发现了吗？我们似乎越来越默认，沟通和交流需要通过每种媒介实现，也就是一台设备。这是个人用户科技产品为亲密设置的第一重障碍：媒介交互模式成为常态。媒介交互，顾名思义，就是不直接接近对方。你还记得吗？亲密的定义可是直抵他人内心世界哦！我们越多用媒介交互取代面对面的交流，就越难了解他人的内心世界，或是让他人真正了解你。

如果媒介交互模式仅仅是为了节省一张机票，而选择打个电话或发个微信，我不会将它视为滋生孤独感的第一罪人。科技对维持人际关系有着巨大作用。但关键是，如果媒介交互模式完全取代了面对面的人际交往，即电话和视频聊天完全取代飞机票，那么科技就成了大问题。

请注意，有一种媒介交互模式格外引人注目，那就是 Facebook、Twitter、Pinterest、Instagram 等社交网络。移动电话和社交网络以某种方式结合起来，就组成了看似完美的媒介交互风暴。它们让你觉得身边围绕着无数朋友，这些朋友还能全部装进口袋，随时沟通、随地联络。社交网络的这种奇妙功能，真的能使你开心吗？真的能让你摆脱孤单？

闺蜜只是在 Facebook 上留言，而不打电话祝你生日快乐，你不会感到失望？某人在你的 Instagram 上频频给你的照片点赞，却忽略你约她逛街的邀请，你会不会感到厌烦？或许，你也曾经对网友产生过好感，但最终发现不过是过眼云烟。我们都经历过这样的情况：朋友发来一封邮件或一条短信，短短的内容让我们莫名紧张——她是在指责我？她生我气了？是的，她肯定生我气了。

我们都知道，即便现实的沟通障碍被扫清，精神和情绪上的障碍依然存在。产生这些障碍的关键是，我们并没有进入他人的内心世界。比如，我不知道对方浏览我的 Instagram 时的感觉，无法理解她阅读我的 Pinterest 时的想法，即使我们可以用 Skype 通话，却无法给彼此一个拥抱。冰冷的电子屏幕不能帮助我们真正了解和关爱彼此。

科技阻碍了我们的面对面接触，制造了更多误解、误会以及故意隐瞒。查看某人的网络档案时，你会发现似乎人人都会 PS：她好像比平时更瘦一点、更美一点，他好像更高一点、更帅一点。当然，这些都不重要，即使面对面，人们也会相互欺骗，但数量和程度绝对比不过在线沟通。

科技赋予我们神秘感、新奇感。过去，我们不允许与他人匿名交往，但现在，我们开始把匿名当做一种有趣的消遣。有款叫作"秘密"的手机应用，上市 9 个月就已融资 3 500 万美元。"秘密"，顾名思义，就是通过匿名的方式告诉朋友（朋友的朋友、邻居）你的秘密。这家被誉为2014年全球最具创新力的社交媒体公司，还开发过一款叫作"悄悄话"的手机应用。"秘密"的广告宣传语是："向朋友、同事、附近的人匿名分享你的小秘密吧！找出你朋友真实的想法和感受吧！"

"找出你朋友真实的想法和感受吧"，真是让人难以置信的声明。但这似乎意味着，尽管我们接触他人的方式多种多样，可对他人的真实想法和感受却知之甚少。

这些匿名的手机应用使我们的沟通交流更加脆弱、不堪一击。这类社交应用还有很多，比如，2014年发展最快、市场覆盖率最高的即时通讯应用阅后即焚（Snapchat）和2014年发展最快的草根创业公司清醒（Sobrr）。阅后即焚的最主要功能就是所有照片都有一个1到10秒的生命期，用户拍了照片发送给好友后，这些照片会根据用户预先设定的时间按时自动销毁。而清醒的目的是让用户"可以发送信息、照片给好友，发送的内容只会存在24小时，且只有双方互相喜欢时，才能选择继续做朋友。"这些社交媒体有趣吗？当然！在某种程度上，它们的功能不正反映我们的交流存在问题吗？我认为是的。它们对建立满意的人际关系有帮助吗？我认为没有。

媒介交互模式不太可靠甚至很危险。它给你一种被朋友环绕的感觉，这可比现实情况好多了！社交网络让你相信，你的生活绝对不缺少朋友。但当你午夜梦回,发现自己孑然一身、陷入深深的孤独中时,感觉会更糟糕、更难受。

当然,你还是很幸运的!战胜媒介交互模式的方法其实很简单。我们不应该逃避科技,相反,将它们视为服务于面对面交流的工具即可。只要方式正确,与科技相连的沟通能帮你创造更多的亲密。一切取决于你如何使用它。

科技造福亲密关系的第一步,就是丰富我们的沟通层次。社交网络的对话框就像一道无形的障碍,即使我们尽最大努力保持坦诚和直截了当,声音语调、肢体语言、面部表情和情感表达等有趣的交流信号也会被阻挡、屏蔽,这让我们难以真正了解彼此。我们不应该忽略这些身体细节的巨大价值。

统计表明,我们收到的短信中,有93%都没有明确表达要沟通的内容。如果在简单的文字和"文字+语音"中做选择,请选择更多层次的那个吧!如果你能添加面部表情,请记得一定那么做!层次越多,沟通越畅达。

我的意思是,你应该运用科技手段维持现有的亲密关系,而不是创造新的亲密关系。设想一下,你和她身处不同的物理空间,想要彼此了解和关爱,这是不是太难了?没关系,只要你将网络科技运用得当,距离、时差、忙碌的生活统统不再是问题。哪怕你们相隔十万八千里,手机和网络也能让你们近在咫尺,亲密无间。

我能随时给你点赞,但不能真的懂你

科技给亲密关系设置的第二道障碍,是改变了我们的思考方式。许多人尤其是 80 后会认为,是电脑和手机教会他们认识世界、了解世界。尽管我们可以认为电脑和手机只是工具,但它们比其他工具更加光彩夺目、更具吸引力。而且,事实并不尽如此,电脑不仅仅是工具,更是我们的老师。

个人与科技的互动越多,就越容易形成所谓的"科技思维定式"。当我们放下手机、离开网络时,这种思维定式还会继续影响我们。我们不断地学习各种电子设备的沟通方式和交流技巧,却没发现它们已经悄无声息地渗透到面对面的人际交往中。不幸的是,大多数科技产品对在现实生活中创造亲密关系并没有帮助。

科技存在的基本意义是效用,但它在创造亲密关系方面最无效。谷歌对效用的定义是"用最小的成本得到最大的产出"。效用理论的核心就是创造优质的个人用户科技产品。回想一下,你和 iPhone 的互动频率有多高?你是不是有种离开手机什么事都做不了的感觉?

在创造先进科技产品方面,效用理论的确很棒,但任何事物都有一体两面。电子产品越来越多地进入到日常生活,效用理论也越来越深入我们的脑海。我们渐渐期待用手机沟通就能实现效用最优,渐渐对面对面沟通失去耐心。

美国硅谷,诞生了最多高科技公司的地方,也创造了不可计数的科技价值。你也许还没意识到,高科技正影响着人们的价值观,进而左右着大家处理人际关系的态度。通过人与科技的互动,你能更近距离地接触你喜欢的人和事。当然,如果你认为这种互动方式费时又费力,那就撇开它。

你大可放心,科技绝不会成为你的累赘和麻烦。正是因为这些观念,那些"不必要"的面对面交流反而令人担忧。于是,人们打开手机应用就可以分享照片,埋怨今天发生的烦心事,而不像以前必须找个朋友才能倾诉心中的烦恼。对智能手机制造商和应用开发者来说,这样的思考方式绝对意味着商业的成功。但这种科技思维定式会对人际关系产生什么影响呢?微信上的好友等同于真正的朋友吗?

果断删除多余的、不必要的社交关系,用更多的时间和精力去追寻有意义的互动,不仅不会危及人际交往,反而会改善人际关系。对泛泛之交说"不",就能把精力留给亲密的人。事实就是如此。

但现实生活中,大家都这样做了吗?并没有!不然以"深层次人际交往不断增长"为标题的报道就该满天飞了!2010年,一份发表在《美国退休人员协会杂志》(*AARP Magazine*)的综合性研究调查显示,大约35%的45岁以上的成年人长

期感到孤独，而30年前，这个数字是20%。对于20世纪八九十年代出生的"80后"、"90后"，这个数字将更惊人，因为他们的生活已经完全被智能手机、社交网络占领，使用个人科技产品成为他们根深蒂固的想法。

同样在2010年，美国精神健康基金会发布了"孤独社会"主题报告，指出"18—34岁的被调查者中，接近60%的人会时常感到孤独，而55岁以上的人只有35%感到孤独"。该报告认为，代际差异非常显著。

现实很残酷：依赖科技的人际交往，并不能高效率地制造亲密、缓解孤独。用手机应用、社交网络衡量人际交往是否成功，只会让你更孤独。我们需要主动忘记科技教会我们的社交方式，重新学习如何与他人建立亲密关系。

送货到家的生活，让我没机会与人交流

科技给亲密关系设下的第三道障碍是，在不知不觉中减少我们创造亲密关系的自然机会。我们确实再也不需要与人互动交流了。吃饭、购物、洗衣、散步……这些生活琐事，我们几乎都能自己解决。

对我们的祖父辈而言，友谊和其他各类人际关系，是他们融入某个群体时自然而然地产生的。但在今天，我们不需

要各种社区或团体了。快递送餐，让我们不需要去餐馆；网络教学，让我们不需要待在教室；亚马逊和淘宝，让我们足不出户就能购物；我们甚至不用去办公室，在家就能工作。

我和很多人一样，一直在硅谷工作和生活，亲历了这些变化带来的影响。在硅谷倡导的现代工作场景里，远程工作成为一种常态。即便是那些初创企业，也有很多远程员工。随着远程科技与工具的不断更新，项目组成员即使身处异地，也可以自如地完成各项工作任务。社区在逐渐消亡，这会对我们产生什么影响呢？和一个你不是真正了解的人一起工作，又会是什么感觉呢？

回答这些疑问前，我想先聊聊雅虎CEO（首席执行官）玛丽莎·梅耶尔。梅耶尔曾下令所有远程工作的员工们必须回到办公室办公，否则将被解雇。她的这一举措被视为现代工作模式的倒退，一度饱受争议。一个世界闻名的科技公司，怎么能对曾经创造的进步科技说"不"呢？

然而，和雅虎的员工聊聊天（我就这么做过）你就会知道，他们无不对梅耶尔的举措称赞有加。正如我在雅虎手机团队工作的朋友所说："那些远程工作的同事，就像虚拟员工，我们时常通过电话、邮件沟通，但即使在街上遇见他们，我也认不出他们是谁，更别提培养企业文化、企业精神了！"

当然，我们不能否认，在家办公好处实在太多了，尤其

当你为人父母的时候。大部分雇主都认可远程工作的好处,也鼓励员工远程工作。但不容忽视的事实是,如果你从未见过你的同事,又何谈了解和关爱?曾经坐你隔壁的同事现在远程办公了,你能说你们变得更亲密了?这真的太难了。

你也许会说,和同事建立温馨亲密的关系完全没必要。但如果亲密关系建立了,会发生怎样的变化呢?每周 5 天、每天 8 小时的工作时间,身边有几个亲密伙伴可以聊聊天、谈谈心,这不是很棒的事情吗?如果你不亲近任何同事,不就错过了创造亲密关系的大好机会?

远程工作让我们错失了一些亲密关系。但如果这能提升我们与家人的亲密度,整体的孤独程度也不会增加太多。但问题是,科技也使我们丢失了很多与家人更加亲密的机会。如此这般,想要创造自然的亲密关系就变得难上加难了!

牺牲这些机会,或许确实可以让我们的生活更高效,但每天工作晨会前,不和同事一起喝杯咖啡、聊聊天,怎么能交到朋友呢?不和任何陌生人见面,又怎么去邂逅正确的那个他?少了人与人之间的面对面沟通,你只会更孤独。

我们孤独寂寞,大部分原因就是缺少创造亲密关系的自然机会。别气馁,还有一个好消息,你可以创造新的机会。别着急,真正了解、真诚关爱你的人,终有一天会来到你身边,给你一个温暖的拥抱。相信我,这本书能教你如何找到他们。

提问时间：自我反思

- 感到孤独时，你会怎样安慰自己？这些方式包括使用电脑或手机吗？
- 你生活中的新老人际关系，哪一种需要离开网络去维系？
- 你生活中的哪些地方，可以为亲密关系创造更多机会？

挑战自我：学习实践

请你选择一种方式，在不改变工作与生活方式的情况下，限制智能手机或互联网的使用时间。给你几个提示，比如，"休眠时间"（每晚9点之后把手机或电脑关掉）、"休息日"（选择一周的某一天不使用智能设备）、"给你的手机/电脑放个假"（每年或每两年，选择一周完全远离各种电子产品、智能设备）。

亲密贴士

你不必在意孤独，它只是你的一个弱点、一个软肋。科技设置了以下三种障碍，使创造亲密关系、保持亲密变得越来越难：

1. 科技带来媒介交互模式，减少了面对面的人际交往。媒介交互模式正在成为一种常态，我们越用媒介交互取代面对面的交流，就越难以进入他人的内心世界，或让他人真正走进我们的内心世界。

2. 科技创造了不利于培养亲密关系的环境。科技产品以效率高于一切为价值导向。我们越来越多地使用科技产品与他人交往，也学会把效率高于一切用在各种人际交往上，但这种科技思维定式并不能创造亲密关系。

3. 科技减少了我们获得亲密的自然机会。科技改变了我们的工作模式，让我们不再需要处于现实的社区或群体中，减少了我们创造亲密关系的自然机会。

03

不是所有的念念不忘,都必有回响

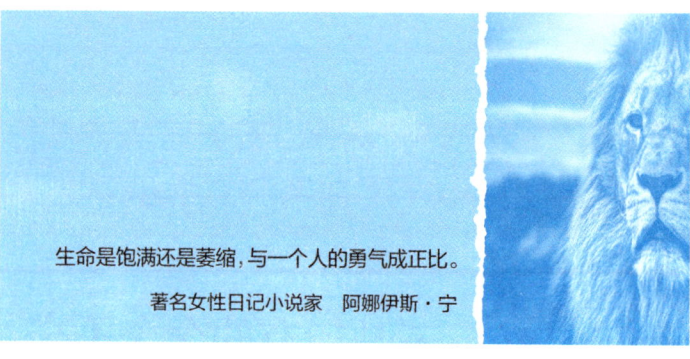

生命是饱满还是萎缩,与一个人的勇气成正比。

著名女性日记小说家　阿娜伊斯·宁

恭喜你掌握了化解孤独的基本现实,即你渴望亲密,也知道通过了解和关爱可以创造亲密关系,但身处的科技环境却阻碍亲密关系的产生。接下来,在我们开启寻找亲密伙伴之旅之前,请在脑海里删去那些关于"××'应该'能缓解孤独"的谬误吧!千万别让这些落后陈旧的想法一路伴随你哦!

大多数人在成长过程中,都曾试着用各种方式疗愈孤独,结果有失败也有成功。失败了,我们自责或是责难身边的人;成功了,我们给这些方法手动点赞。新孤独也需要新的治愈药方。下面,我们将细数化解孤独(怎么化解、谁来化解)的三大旧日神话,并一一破除它们。

神话1　爱很可靠,爱能化解一切孤独。你一定很想知道,为什么化解孤独的良药是亲密,而不是爱。诚然,爱有强大、惊人的力量,爱让人团聚在一起,是人类心灵体验的至高点之一。但即使彼此相爱,你在心爱的人面前不会感到孤独吗?答案是"会"。

神话 2　某些类型的人际关系具有天然的亲密感。多数人相信某些人际关系,尤其是家庭关系,比其他关系更亲密。但这样就可以真正化解孤独吗?许多人父母健在、儿女双全、夫妻恩爱,但绝望的孤独感依然存在。

神话 3　如果你感到孤独,那就走入人群吧!离开自己的小世界,听起来挺简单的。把工作地点从家里转移到咖啡店,真的能让你感到轻松愉悦?当然!和聪明人一起工作,感觉一定好极了!事实常常如此。在汹涌的招聘狂潮里,你是否有一丝丝被孤立的感觉?也不见得。比起独处的寂寞,上述这些情况会让你感到更孤独吗?肯定会。

这三个旧日神话中确实存在一丝真理,但背后还隐藏着堆积如山的谬误。接下来,就让我们取其精华吧!

爱情:我不愿在你怀里孤独

你也许很想知道,讨论孤独的时候,我为什么不提及爱。你会问"爱不就是化解孤独的完美办法吗?""所有重要的人

际关系不都源于爱吗?"

这些问题都有一个共同的答案:"是,也不是。"爱当然能让人走到一起。当你和他从陌生走向熟悉,从朋友变成恋人,他让你的心里开出一朵爱情的花,他的重要性简直超出想象。说不清是何时、在何处爱上对方,反正你们都享受着这爱情的美妙。

可爱情就像双刃剑,很崇高却也有致命的弱点。这个弱点我们很熟悉,那就是"爱太善变"。比如,爱上一个完全不适合的人,爱上一个根本追求不到的人,爱上一个根本不爱你的人。一时冲动的爱情,最后以失败告终,分手的理由你却百思不得其解。

不是只有爱情才会如此。还有许多情感远远超乎我们想象。准父母们证明了我们甚至可以爱上还没出生的宝宝,我们也会爱那些死去的人。我们爱谁、爱的时间、地点、方式、原因完全不受控制。可见,"爱是化解孤独的好办法"就是个谬误,原因很简单:爱太神秘。但亲密却不是。

我们之所以能找到创造亲密关系的办法,是因为我们确信什么能产生亲密,什么不能。我不敢说每个人对爱的理解都是一样的。特定环境下,爱当然可以缓解孤独,但在不利的环境之下,爱也会加深孤独。亲密却总能减少孤独感,且不像爱那般变化多端。亲密是非常有用的办法,爱却不是。如果你愿意为改善人际关系做些实事，很快就能看到成效。你付出的越多，创造的亲密关系也越多。

亲密具有一个比爱更容易掌握和得到的奇效，那就是减少工作中可能产生的孤独。通常情况下，办公室恋情可能不太合适。你想和同事成为闺蜜，或是迷恋自己的上司，这种爱会让你陷入不专业的尴尬境地。

我们一生中，大量的时间献给了工作。而我们认识的有职业精神、工作专业的人，大多数都能与我们建立良好的人际关系。工作中创造亲密关系的机会很多，而且其重要程度完全不亚于个人的亲密关系。无论工作还是生活，亲密都能为你带来各种意想不到的好机会。

事实上，没有爱，孤独也无从谈起。如果你和谁相爱了，那亲密就能让这份爱更稳定、更可靠。

很多研究对结婚和离婚的原因做出了充分的解释。在西方发达国家，绝大多数已婚人士都觉得是为了爱而结婚。在我们的传统文化里，婚姻代表一份承诺，是对爱的终极表达。每个人都期待得到婚姻的承诺，更期待与伴侣携手走完一生。

请设想一下，如果一段婚姻是从爱开始，那它又是在哪里结束的？琳恩·吉格和琼·凯莉开展过一项离婚调解调查，统计数据显示：80%的离婚人士认为，其婚姻破裂的罪魁祸首是彼此疏远，而我们通常认为的出轨并不是离婚的主因。

只有25%的被调查者认为出轨是婚姻失败的最主要原因。

这说明了什么？结婚，是因为爱。离婚，却是因为距离。即使是充满爱的两性关系，也会因为缺乏亲密而崩塌。亲密，是所有长期、圆满的人际关系的根基，因为爱离不开亲密，而亲密并不需要爱。

即使彼此不相爱，也能感到亲密。就算彼此相爱，如果你无法进入对方的内心世界，这份爱最终也会产生无法逾越的鸿沟。

换句话说，爱情关系，尤其是婚姻，是创造亲密的绝佳机会。与其他人际关系相比，婚姻具有无可比拟的优势，因为婚姻是确定性的承诺。在婚礼上用短短几分钟（或一瞬间）选择彼此作为终身伴侣，这是有意识的自主选择，也是深思熟虑后的重要决定，更是孕育亲密的摇篮。

但请别再苦苦等待爱情的降临！在爱情降临前，你也能创造满足感，建立安全感，构建良好的人际关系，终结你的孤独。

神话1　*爱很可靠，爱能化解一切孤独。*

重构神话1　*爱神秘又多变，而亲密不是。*

亲情：你是我的港湾，但熨不平我内心的波澜

我们有充足的理由相信，有一种人际关系，绝对比其他任何关系要更亲密，这就是家庭关系。我们经历的第一种人际关系就是家庭关系。与同事、网友或其他有意义的人际关系不同，自古以来，家庭关系都被我们视为人生最重要、最有价值的关系之一。

家庭生活的最早记载，可以追溯到公元前13年的母子雕像，这几乎和当时的文明一样古老。家庭，一直延续至今，从未消亡，并成为必要的社会单元。无家可归的人，其最终命运可能是死亡。如果他饥寒交迫、需要庇护，家就是他的避风港。如果她渴望婚姻或因爱受伤，家就是她温暖的怀抱。如此看来，如果你感到孤独，向家人寻求慰藉就一定可行，对吗？

如果你和家人亲密无间，这应该可行。父母会一直站在你身后，在你需要时出现。兄弟姐妹会带给你欢乐，让你忘记孤独。当然，你可能会有几个思想守旧又固执的祖父母，那也无妨。你可能还会有一个很陌生却总爱抛媚眼的奇怪舅舅，或是一个经常吃亏上当的笨表哥，但这些都没有关系。

看出其中的问题了吗？你可能可以和一个或多个家庭成员保持亲密关系，但总会有几个家人让你一点也感受不到亲密。如果卸下家人的头衔，真正值得维系的家庭关系实在少

之又少。很不幸，几乎每个人都曾被家人批评、嘲讽或误解。

所以，并非所有的家庭关系都能缓解孤独，这其中究竟是什么在起作用？在我们揭开真相之前，先回想一个最简单的问题：谁是我们真正的家人？你一定觉得这个问题蠢极了，肯定是父母、兄弟姐妹啊！但如果你有两个妈妈或两个爸爸，如果你有一个养子，如果你被人收养，如果你和家人疏远，你也许就会认真思考这个问题。

玛丽·乔·梅恩斯在《家》（*The Family*）中认为，没法绝对定义或预判谁是我们的家人，"不同的社会对家庭成员的定义截然不同，某些家庭认为母亲的第二个表弟是很亲的亲戚，而另一些家庭（比如我的家庭）却连这些远房亲戚的名字都叫不上来"。

我们知道，家庭并不只依赖于血缘关系。和养子组成的单亲家庭，从法律层面看也是一个完整的家庭。家庭，也不只是法律关系。一对同居20年的情侣，膝下三个子女，唯独没领结婚证，这在现代社会看来，也是一个美好的家庭。

所以，究竟什么是一家人？家庭，也许就是住在同一个屋檐下的人们组成的集合体。同居生活，对家庭有重大意义。梅恩斯对家庭有着这样的解释："家庭是一个个的小团体，以共同的文化认同为纽带，建立婚姻或类似的契约关系。因为血缘或收养关系，在一定时期内，共同生活和居住。"

但在 2008 年，皮尤研究中心社会与人口趋势项目的一项调查表明："家，对不同人有不同的内涵。土生土长的美国人大多不只在一个社区生活，他们中约四成（38%）人称自己并不住在家里，26%的人认为家只是他们出生或成长的地方，22%的人说他们现在住在家里，18%的人称他们会长期住在家里，15%的人认为家就是故乡，4%的人觉得家是他们曾经读高中的学校。"这些对家的不同定义，清楚表明共同生活已不再是成为一家人的基础。

家庭，可以被定义为"共同的责任"吗？父母照顾年幼的孩子，孩子赡养年迈的父母。也许吧！但一种行业的蓬勃发展改变了这一切。2014 年 1 月，一家名叫 Care.com 的公司，在募集了 1.11 亿美元的风险投资资金后上市了。该公司就像一个提供家政关怀服务的超级市场，为客户提供各种家政服务，将保姆服务提供者与需要保姆的家庭联系起来，并为他们提供交流平台。Care.com 为提升家庭品质、照顾家庭成员提供了很棒的解决方案。

随着家政服务行业的爆发式发展，雇用保姆照顾你爱的人成为现实。把传统的家庭职责外包给家政公司，让我们有机会解放自己。我们不需要像过去那样，亲自付出许多精力去照顾家庭成员。我认为，所谓"共同的责任"并不能让彼此成为真正意义上的一家人。

在我看来，家庭的基础来自一种感觉，一种亲密的感觉。亲密，让一个家庭有了家的感觉。没有亲密的家庭关系，就像其他缺少了解与关爱的人际关系一样糟糕，甚至更糟糕，因为我们往往对家庭关系抱有更高期待。

本书的前言里提到，人们会面对各种各样的人际关系。事实上，所有的人际关系都要经历一个简单的过程，那就是由远及近、从陌生走向亲密。也就是说，任何人际关系都能变亲密，也会变疏远。哪怕是父母或家人，也会有疏远的时候。

没有任何一种人际关系具有天然的亲密感，它们都需要你学会了解、付出关爱。家庭关系的确能让人感到亲密，但也只是你辛苦付出的回报而已。

话虽如此，但家庭在创造亲密关系方面确实有一些独特的优势，尤其在"了解"这一层面。你的家庭成员了解你，因为你们拥有广泛的共同历史和共同经历。除了家人，很少有人愿意在你的生活，尤其是在你的成长岁月里花费那么多时间。在很长一段时期里（在人生的不同阶段），与家人在一起的时光，都是创造亲密关系的好机会。如果你愿意抓住这些难得的机会，更努力、更深入地了解你的家人，那家庭就能成为孕育亲密的美妙温床。

但家庭也有一个明显的缺点，即自我满足。与其他人际关系不同，我们倾向于认为不用付出太多努力，就能维系一份家庭关系。"家庭是永恒的",不是吗?我们不能让这个根深蒂固的想法,成为我们不了解和关爱家人的借口。千万不要把"家庭是永恒的"这句话,理解为"我不需要对你礼貌、不用对你好,因为你不能抛弃我,即使你想那么做!"

家庭也许是永恒的,但缺少主动、持续的付出,家的感觉,那份亲密的感觉,绝对永恒不了。

神话2　某些类型的人际关系具有天然的亲密感。
重构神话2　任何人际关系都能变亲密,也会变疏远。

友情:海内存知己?不,弦断有谁听?

化解孤独的所有神话中,神话3饱受争议。当你孤独时,走入人群真的会让你感觉好一些吗?答案很明确:有时如此。如果你主动参与集体活动、结交新朋友,当然最好。如果你走入人群,却感觉尴尬、被排斥,这只会让你感觉更糟。

身边朋友很多,你却依然孤独,究竟是为什么?答案显而易见:被朋友环绕已经不是一个好的解决方案,新孤独的可怕和痛苦难以预测!

为什么新孤独难以预测?为什么过期面包和新鲜面包有这么大的不同?它们不都可以填饱肚子吗?为了追求合群,

我们有时会犯一个微小却致命的错误：我们无法分辨在那些留下来成为我们的朋友的人中，哪些人是被我们吸引，哪些人只是特定情境所致。

我用"情境式亲密"来描述那些因为某些特定情境而接近我们的非主动人际关系。同一宿舍的四位室友，一起上课的同学，同一个办公室工作的同事，皆是此种关系。对大多数人而言，情境式亲密意味着很多人与你保持较好的人际关系，虽然你们只是临近或同处一个环境而已，与爱或其他深层次联系无关。这种亲密感可能产生于工作中、一次音乐会上、一场讲座或球类比赛中。

很少有人承认，那种无法预测的孤独感在很大程度上来源于情境式亲密。如果你们仅仅出于某一目的而彼此接近，那带给彼此的感觉一定难以捉摸。如果你和旁边的女同学聊天仅仅是为了排解寂寞，而她也只是为了更好地理解课程内容而回应你，那你摆脱寂寞的目的肯定无法实现。目的和意图截然不同，想要通过这种情境式亲密化解孤独，结果可能会让你大失所望。

话虽如此，但你总会交上好运，上天会让你邂逅一个一见倾心、为了共同目标一起努力的人。甚至，她可能也对你一见钟情，愿意为你付出很多，这常常能带来一段更令人满意的交往关系。她给予你了解和关爱，驱散了你的寂寞，排解了你的孤独，让你感到无比满足。你可能已经猜到，这种满足感，就是来自你和她之间的亲密关系。

情境式亲密和体验式亲密的不同之处，在工作中表现得最为明显。同事们是为了工作和挣钱才坐在一间办公室，并不是因为喜欢对方。这引发一个问题：在一起工作，是缓解了孤独，还是加重了孤独？

设想一下，同事更多是否会有更多创造亲密关系的机会？是否会有更多人愿意和你深入交往、亲密接触？我对这些问题的答案充满好奇。因为创建"小团队"在美国硅谷是一大趋势。亚马逊公司创始人杰夫·贝佐斯有一个著名的"两个比萨理论"，即"让团队尽可能小，如果两个比萨都喂不饱一个团队，那说明它太大了"。我想知道，这个理论是否也是某个科技思维定式的结果，因为更小的团队往往效率更高。研究显示，团队越大，工作效率越低，团队成员彼此疏远的感觉也更明显。

心理学专家珍妮弗·穆勒创造了"关系丧失"一词。关系丧失，是指在团队日渐庞大的同时，个体成员会感觉自己得到的关怀与帮助逐渐减少，会变得更加孤独。

穆勒的研究对象是来自多家公司的212名员工，这些人从属于体量不同的26个团队，人数从3人到19人不等。穆勒发现，团队人数越多，团队成员参与工作的积极性越低。随着团队体量的增大，人们对获得支持的感受也越发微弱。这

里的支持,包括同事的情感支持与工作援助。想想你工作中最糟糕的一次经历,如果当时没有某个肩膀让你依靠,或没人帮你收拾烂摊子,那段日子将会多么艰难。你一定知道在工作中,同事的支持是多么重要。

穆勒认为:"大型公司的员工很容易迷失。他们不知道应该向谁寻求帮助,因为彼此之间并不了解。即便他们试着接触其他成员,也无法确保他人会提供帮助,或是有时间提供帮助。更重要的是,他们无法把工作上的困难告诉团队领导,因为这会让他们显得不具备应有的工作能力。"因为缺少了解和关爱,员工之间的疏离感不断增加。关系丧失比我们想象的还要严重,我们根本无法想象自己在团队协作上花费了多少精力。

此外,一个缺乏了解和关爱的团队,团队成员不仅会彼此疏远,还会疏远工作。盖洛普民意测验统计结果显示:"工作团队越庞大,团队成员的项目参与度和生产力越低。最小的工作团队,往往有最敬业的员工,员工间的亲密度也更高。42%的小型团队(成员低于10名)成员能完全专注于工作,而大型公司专注投入工作的员工不足30%。"

交际范围不断扩大,孤独感却在增多,二者之间的鸿沟主要源于自我认知的偏差。孤独不是指身体,而是关乎心灵和思想。正如前言所述,这种新孤独越来越普遍。如果你感觉到大部分同事都理解你、关心你，那即使身处庞大的工作团队也没什么关系。但在精简的团队中，你会感受到更多的了解和更强烈的关爱。

究竟是什么让你感觉自己完全融入了团队？是你和同事在一个项目上花费的时间吗？是你们工作往来的电子邮件数量吗？还是和你一起参加会议的人数？这些都不是，答案只有一个，那就是亲密。

想要在工作环境里减少孤独，我推荐你通过近距离接触来创造亲密关系。一个好办法就是通过重复性工作，对每天见面的同事逐步加深了解。同事间彼此亲密，工作的压力感会减少，也会有更多时间从容应对工作；相反，如果你喜欢很快征服对方，把自己逼得很近，那么压力会越大。

开始尝试一下吧！选那些你欣赏的同事，以一种舒服的方式建立亲密关系。就从茶水间的聊天开始，或者在会议前一起喝杯咖啡、小憩一会儿。随着时间的推移，办公室可能成为你最爱的几个地方之一哦！

神话3　如果你感到孤独，那就走入人群吧！

重构神话3　走入人群，融入集体，保持亲密会减少孤独感，彼此疏远则会增加孤独感。

提问时间：自我反思

- 爱情能化解你的孤独吗？效果怎么样？你的爱人、亲人是化解了还是加重了你的孤独感？
- 你和哪位家庭成员关系最亲密？哪一位最让你不想接近？
- 对亲密关系的思考，有没有让你想重新审视人际关系法则？它们有什么特别之处吗？

挑战自我：学习实践

哪类人际关系可能减轻你的孤独感？你感到孤独时，会打个电话给父母吗？为了寻找真爱，你会出去约会吗？

给自己两周时间，把过去的人际交往习惯放在一边，努力在生活的新领域创造亲密关系吧。不是给父母打电话，而是培养一些工作关系。不是出去约会，而是用更多精力深化你的友谊。试着努力去创造一份亲密关系吧！

亲密贴士

在化解孤独方面，存在三大神话：

神话 1 爱很可靠，爱能化解一切孤独。特定环境下，爱当然可以缓解孤独，但在不利的环境中，爱也会加深孤独。亲密不像爱那般变化多端，总能有效减轻孤独感。亲密是非常有用的办法，爱却不是。
重构神话 1 爱神秘又多变，而亲密不是。

神话 2 某些类型的人际关系具有天然的亲密感。事实上，所有的人际关系都要经历一个简单的过程，那就是由远及近、从陌生走向亲密。也就是说，任何人际关系都能变亲密，也会变疏远。没有一种人际关系必然能化解孤独。
重构神话 2 任何人际关系都能变亲密，也会变疏远。

亲密贴士

神话3 如果你感到孤独,那就走入人群吧!走入人群、加入集体不一定能减轻孤独感。人际交往的满足感和幸福感,来自彼此的了解和关爱。

重构神话3 走入人群、融入集体,保持亲密会减少孤独感,彼此疏远则会加重孤独感。

试着忘却那些旧日神话吧!这些谬误可能会引导你的亲密之旅误入歧途哦!

04

谁是对的人？懂得感受爱、付出爱

将感情埋藏得太深有时是件坏事。如果一个女人掩饰了对自己所爱的男子的感情,她也许就失去了得到他的机会。

简·奥斯汀 《傲慢与偏见》

学习挑选亲密伙伴,是我最喜欢的几个社会课题之一。但翻遍各类社会科学文献,我也没找到相关的研究,最后,反倒在周一晚间八点档的电视真人秀中发现了它的踪迹。这个节目就是《单身汉》(*The Bachelor*)。

身边的很多人,不管男女老少,对相亲真人秀《单身汉》的热情都超乎我的想象。《单身汉》的规则很简单,每一季由制作方挑选出 1 位各方面条件都很优秀的单身汉,再为他挑选 25～30 位各具特色的单身女性,让这位优质单身汉从中挑选一位作为妻子。要知道,单身汉挑选的不是女朋友而是妻子,这档真人秀的目的是让一位单身男人变成已婚人士。

《单身汉》确实是个精彩绝伦的节目,从开播以来,收视率一直稳坐相亲类节目的第一把交椅。根据维基百科的数据，在 2015 年，29 季《单身汉》节目中，只有 5 对在最后选择结婚。该节目成功以后，迅速出现了一系列衍生节目，如《单身女郎》(*The Bachelorette*)。这些真人秀节目有一个共同点：让人们认为自己坠入了爱河。

电视节目如何做到这一点？每位嘉宾都被包装得精致完美，俊男美女在巴厘岛的悬崖边欣赏绝美海景，聆听当地知名流行艺人的音乐会，和稀有的海豚一起潜水畅游，在千年古堡享受一顿烛光晚餐！绝对够浪漫！绝对够惊喜！在一次次浪漫至极的免费约会中，相爱简直就是一瞬间的事。但我们都知道，爱情就像歌里唱的一样，"没那么简单"。爱很神秘，但不是一个魔术。

或许，真人秀里的男女嘉宾都相信自己已经坠入爱河，因为他们真的很渴望爱。如果不是为了拥有爱的体验、为了找到真爱，他们也不会选择上相亲节目。但这仅仅是为了满足他们对爱的渴望吗？

也许吧！直到有天晚上，我的好脾气老公点醒了我。在和我一起看着《单身汉》时，他提出一个小疑问："那个女孩为什么不离开？她一点儿也不喜欢男嘉宾！他们兴趣不合，没有任何共同点！"

这引发了我的思考。事实上，女嘉宾们几乎从不主动离开，

除非男嘉宾拒绝她们。只有很少一部分女性因为身体不适而主动离开真人秀舞台。那么,既然那些女孩和男嘉宾完全不适合,为什么不选择离开呢?

她们的答案再简单不过:"我认为我们会相爱。""我认为他会成为我的丈夫……我和他有着如此棒的关系……我想看看我们会走到哪一步!"这些理由,成了《单身汉》勇夺收视桂冠的原因。相亲真人秀除了给嘉宾带来万众瞩目的感觉,还有一种特殊的吸引力。这种吸引力,为人际关系的形成播下种子,让陌生人迸发出爱的火花。吸引力,事实上,是所有亲密关系的起点。

吸引力指的是与对方发展下去的可能性。吸引力,是一种对某人感兴趣的、让人幸福、美好的感觉。相亲节目也许很无聊、很草率,但吸引力不是。吸引力是对他人的第一印象,是迈向亲密的第一步。

每一次一见钟情,都是靠近的信号

人们认为自己孤独,是因为没有吸引他人的魅力。这完全是个谬误。大部分人都不是独居的隐士,更不是高深莫测的孤狼。大部分人都喜欢和志同道合的人交朋友。但从彼此吸引到更加亲密,这之间的转换可能引发人际关系大崩溃!

这种吸引力，是一切亲密关系的源头。很不幸，吸引力这个词，听起来很浪漫，我们也常用它来指身体的吸引，但这里说的吸引力，只是一种吸引他人的体验，一种想要更好地了解他人的感觉。

爱情的吸引力是强烈的性欲和迷恋，让你和心仪的对象步入亲密关系的殿堂。但吸引力的范围则更广。假设你是一位在校研究生，超级迷恋你导师的超高智商，那这就是一种吸引力。你第一次参加公司会议，了解了公司CEO的成功史，并由衷地敬佩，这也是一种吸引力。

吸引力的本质是在你有意识地获取人际交往机会之前，用直觉评估现实环境。它在形成"什么是喜欢"的主观想法之前，给你提供了一个微小精妙的线索。无数证据表明，吸引力是一种精神或心灵的体验，一种心与心的相遇、碰撞，比如，一见钟情、灵魂伴侣。

吸引力，让潜在的亲密关系一触即发。

我就职过一家超大型公司，我的一位同事朱利安总为他那紧张的上下级关系而烦恼。他觉得上司太严肃了，受不了上司说话的口吻，那种批评式的轻蔑口吻实在让人心烦！更糟糕的是，朱利安觉得他的工作环境不允许他要求任何人改善行为和语气。

我曾试图帮助朱利安改善人际关系，但收效甚微。直到

有一天,我问他:"你不喜欢上司对你说话的方式。那你喜欢谁的说话方式呢?"

他停顿了一下,露出一丝微笑,"这其实很难讲。"他回答道,"但有一次我和我太太在一家餐馆吃饭,一位服务员称呼我们为'我亲爱的朋友'。'我亲爱的朋友,你需要加点水吗?''我亲爱的朋友,你想来点番茄酱吗?'我知道这听起来有些俗气,但那位服务员特别真诚,每位顾客就是他的朋友,这样的方式让我觉得很友好。"

"我亲爱的朋友"就是吸引力。朱利安被那位服务员的友好和率真吸引了。那个微小、简单的瞬间,温暖了朱利安,让他的头脑里迸出"我喜欢你"的信号。朱利安终于明白了他真正需要的是和一群更友善、更包容的人共事。最终,他选择离职,去了一家小规模的公司。

朱利安的故事告诉我们,吸引力无处不在。它有强大的能量,能让所有你期望的友谊、家庭、工作关系变成现实。吸引力比我们想象的更常见。如果你已经遇见了他,被他深深吸引,怎么才能将这份吸引力转变为对他的进一步了解呢?

我们先看看朱利安的情况。他可以做一些小事来试探性地了解那个服务员。比如,再次光临那家餐馆,和那位服务员聊天;随便找个借口再见一面,像寻求商业合作之类;直抒胸臆,表达自己对对方的好感,并希望进一步增进了解。

这些方法是不是听起来有些莫名其妙，甚至可怕？很有可能。现实的情况是，朱利安什么也没做，和我们大多数人一样。为了创造更亲密的关系，主动接近对方，常常会让我们感到不适。但请记住，有些方式真的能帮你找到通往亲密关系的道路。这条路可能很宽阔（如和姐妹一生的血缘关系），也可能很狭窄（如遇见一个友好服务生的机会）。

一旦你打开亲密信号，关注周边环境，就会发现机会随处可见。当吸引力不自觉地涌现，你可能会结交一位新朋友，也可能用新的眼光重识老朋友。亲密感也将随之而来。你要做的就是勇敢地行动起来，抓住一切可以接近对方的机会。

抑住心中乱撞的小鹿，我们还需更多了解

潜在情绪，是创造亲密关系的助推器，也是妨碍其发展的最大绊脚石。吸引力有巨大能量，就像重力。经常听到有人说他们就像磁铁一样被另一个人深深吸引。毫无疑问，吸引力有趣极了。但是，吸引力也有负能量，它可能在彼此没有互相了解前，就把人拉入一段成熟的关系中，由此导致悲剧发生。

所以，我们选择伴侣时，可以从一见钟情的吸引力开始，但千万不要止于吸引力。

强烈的吸引力,容易让人过早下结论,认定对方就是自己想象中的那种人。她创立了自己的公司,所以她一定控制欲极强!他是个单亲爸爸,所以他一定爱家事、重感情!好吧……其实你完全没有搞清楚真实情况。

首先,让我们花点时间回顾了解的概念吧!更深层次地了解某人,称之为亲密。现在,无论你多么喜欢这个人,都必须认清一个现实,那就是你可能真的一点也不了解她!换句话说,一见倾心也许是真的,但初次见面,就能彼此了解绝不可能,完全是痴心妄想。

太多的不了解很容易让一个人靠想象力"填入答案"。所以"速成"的情侣在碰面时,会不可避免地感到失望,而进一步相处,可能会更失望。别让亲密变成一场遗憾的白日梦!

你可能会想,"我不信什么一见钟情,我分得清白日梦和现实!"但事实证明,我们常常用初次相处的第一印象来判断对方。就像我们会认为在社交网络上发布搞笑图片的网友很幽默一样。

跟真人秀《单身汉》里的状况一样,你可能认为没有什么比约会更浪漫、更梦幻了。研究学者阿特米奥·拉米雷兹运用数据统计,分析了网络交友者占用大量时间在线聊天对现实生活的影响。研究表明,我们对他人的假想,的确可以产生强大的影响力。

研究结果表明，网络交友者会通过阅读网友的网络交友档案，在脑海里构建对方的性格特质，从而假定对方在真实世界里的形象。在线下约会时，双方很可能因为约会等待时间过长等原因，态度和行为急转直下，完全无法接受对方和自己理想中的形象差距。

事实上，因为虚报个人信息、美化形象等，导致对方和自己脑海中的期待不符，并因此对对方的态度急转直下，会对对方造成极大的伤害。

所以，你该如何跨过这个临界点，不让脑海中的假想形象绊住你，将吸引力转变为进一步的了解呢？你又该如何小心地避开那些喜欢对方，但又不真正了解对方的处境呢？

这是你直面孤独、摆脱孤独的第一大挑战。我们在面对一段新的人际关系时，常常感到彷徨，所以在你开始追寻亲密伙伴之前，请允许我告诉你几个小技巧。

如果你错过了这些小技巧，就要小心你们之间的吸引力会过快变为成熟的人际关系哦！请记住，这些注意事项适用于所有类型的人际关系，不仅仅是爱情关系。

尝试结交新朋友、新同事，迎接新的家庭成员，或者谈一场恋爱时，下述小技巧都很实用。

技巧1　确定彼此相互吸引。

技巧2　面对面接触。如果是两性关系,深呼一口气,轻松地约她/他出去吧!如果是商业往来,就约着一起喝杯咖啡吧!

技巧3　问一些更深层次的问题。在本书中,我会教你如何问有深度的问题。先简单探寻一个更深的问题。如果你的上司说出海航行很惬意,你可以问:"你喜欢它哪些方面?"如果你的朋友正在面试一份新工作,你可以问:"你想要什么样的工作呢?"

技巧4　找到某些线索。要知道,你不是在寻找任何关于深层次问题的正确或错误答案,而是在寻找一些线索,来证明这个人是否善于了解和关爱。

让我们具体谈谈与这些技巧相关的能力吧!下述能力中,前4种表明对方精通了解;后4种表明对方精通关爱。首先,来看关于了解的4种能力。

能力1　他能坦诚表达自己的感受吗?

自我表达的能力,即愿意对其他人敞开自己某部分的内心世界。

毫不夸张地说,这是创造亲密关系需要具备的最基本能力。自我表达的核心是开放与坦诚，以及分享无论是真实信息或主观想法的渴望。

真实的表达，可以简单到如告诉别人你来自密歇根州。

主观的表达，则是指告诉他人你的感受，让别人知道你的想法。比如，你在密歇根州长大，你最喜欢那里的什么，你是否想回到那里。

我们很容易忽视主观的表达，因为在学校里、工作中，我们总是被教导要保持客观理性。

尽管客观理性很重要，但其背后的情感，对创造亲密关系的意义更加重大。人们会告诉任何人他们的故乡在哪儿，但他们只会和知心朋友诉说他们对家乡的感觉。

美国罗切斯特大学的著名心理学教授哈里·赖斯，在他的亲密理论中这样描述："尽管理性和感性的自我表达都会透露个人信息，但感性的自我表达可能更容易创建亲密关系，因为人们会通过情感表达让他人了解自己，同时证明自己的价值。这正是亲密的核心和本质。"

注意事项

- 他拒绝回答私人问题吗？
- 他说的总和事实不一致，或是满嘴谎言吗？
- 他是否在用幽默或其他方式转移话题？

能力 2　亲密，是你来我往的乒乓球赛

人际交往中总要有一定的付出。互惠能力，就是主动地相互地分享彼此的时间，有来有往。换言之，有时让他人成为关注的焦点，有时让自己成为话题的中心。互惠能力很重要，因为如果人际关系的双方，始终只有一方是关注的焦点，另一方就很容易被忽视，二者的地位也就不平等，而平等是建立人际关系的前提。

那些互惠能力缺乏的人往往会制造恶性的后果：他们常常以自我为中心，或者过于自谦。这两种极端情况都不利于创造亲密关系。一个理想的人际关系对象，会把彼此的交流互动视为一场你来我往的乒乓球比赛，主动发球给你，你再以自己的方式反馈回来。

注意事项

- 和她聊天时，她总是滔滔不绝，完全当你不存在？
- 她总是抛出一个又一个的问题，却很少回答你的提问？
- 你们的对话让你备感压力？

能力 3　每天认识新鲜的我

这个技巧很明确，就是让他人接受你的新信息。通常，人们会根据过去的交往经验勾勒出对方的形象，这个形象一旦固定，问题就出现了。为了进一步发展亲密关系，你需要让对方重新评估和审视他对你的固有想法。换句话说，如果你一次次地展现自己，却发现对方完全不相信你，那么可能就是你们的自我表达的方式有偏差，你可能不太符合你在他脑海中的形象。他可能对假想中的你信以为真，这可真是个危险信号。如果你选择和他创造亲密关系，那么，他应该在充分了解你之前，舍弃过去那些对你的固有观念和假想。

注意事项

- 他及时更新关于你的新信息了吗？
- 他虽然试着和你聊天，却不管你曾说过什么吗？
- 他总是对你的方方面面做各种假设？

能力 4　最美的时刻，永远是当下

活在当下，即专注于此时此刻发生的事。活在当下可以是放下手中的手机，完全专注地与你的潜在亲密伙伴沟通。当然，不仅如此，它还意味着愿意为对方改变。

如果她对过去的事情念念不忘，如果她对未来没有一丝憧憬，那她可能正被某个心理包袱压得喘不过气。她心中的某一处仍停留在过去的时间地点，你无法进入。如果无法活

在当下,亲密也不会主动上门。从本质上说,只有活在当下,才能通过许多细节和瞬间,获取了解和关爱。

注意事项

- 你们之间有眼神接触、目光交流吗?
- 她总聊过去或未来的事情吗?
- 她常常在聊天中用过去式或未来式的词语吗?比如如"当时""那里",而不是"现在""这里"。

真诚表达,让灵魂感受关爱

接下来,让我们来看看关于关爱的 4 种能力。

能力 1　表露心迹的能力

想要接近那些无法体会感受、不能表达情感的人,简直太困难了。当然,仅靠日常对话,我们很难揣摩出一个人是否真正体会到某种感受,所以我们可以通过情绪表达来判断。

我们可以从各种类型的感觉性语言中寻觅踪迹。比如,"我超喜欢……""我憎恨,当我不能……"。尤其注意她对周围人使用的关爱性语言。真诚地表达爱,对每个人来说都是一件特别美好、特别重要的事情。

注意事项

- 他会使用感觉性语言吗?
- 他会用面部表情或肢体语言来传递情绪吗?
- 他是个情感匮乏、特别冷漠的人吗?

能力2 认真地回应

适当的反应能力与互惠能力类似。你的交流对象需要你的关注时,你能及时给予她必要的关注。适当的反应,是给对方一些时间,让她分享自己的情绪和想法。

相关的社会心理学文献指出:"亲密行为始于面对面、有意义的交流。倾诉者向他人展现各种信息、想法、感受。为了让亲密过程持续,聆听者需要对对方的自我表达积极回应,比如,释放情感、表达情绪、有所作为等,来传递赞同、认可和关爱。同样,倾诉者也能从聆听者的反馈中感到自己被理解、被认可、被关爱。"

恰当的反应能力很重要,因为亲密关系需要彼此的关爱,而恰当的反应能让双方切实感受到这份关爱。

注意事项

- 她会用积极正面的情绪反馈,让你感觉心情好点吗?比如,当你恐惧、害怕时,她会紧紧握

住你的手吗？

❖ 她会有一些消极负面的情绪反馈，让你感觉心情很糟糕吗？比如，当你说起去世的外祖父，她却哈哈大笑？

能力3　成为有担当的人

承担责任，即对你的行为和决定负责。这不是说你得为周围所有的错事承担责任，但必须承认自己对某个糟糕局面的产生有一定责任。

个人的责任感对构建良好的人际关系有重大意义。无论你多么努力挽救，问题还是出现了，那么，选择一个愿意为自己的过失承担部分责任的人至关重要。否则，所有的指责都指向你，所有的批评都得你承受。责怪，是扼杀亲密关系的最大隐形杀手。

注意事项

❖ 他常常把错误归咎于他人或外部环境吗？

❖ 他总是背地里说别人坏话吗？比如，现任或前任老板、同事等。

❖ 他会真诚地道歉吗？

能力 4　接受关爱的能力

你听说过这样一句话吗？"每一段人际关系里，总有一个人是花朵，一个人是辛勤呵护的园丁。"这简直错得离谱！关爱，这个表达亲密感的词汇，和监护完全不是一回事。与他人亲密相处，可不等于变成保姆或管家，更不意味着被动接受关爱。双方都需要投入与付出，成为彼此的花朵和园丁。

如果说前面 3 个能力主要针对如何给予关爱，那么能力 4 则强调接受关爱的能力。潜在的亲密伙伴应该具备接受关爱的能力。如果对方无视你的担忧，回避你的关爱，在你渴望倾听时说出类似"别烦我，我不想谈这些"的话，就会产生大麻烦。这对创造亲密关系极为不利。

注意事项

- 当你想在情感上给予她必要的支持时，她接受吗？
- 她似乎是个禁欲主义者，特别不愿意透露个人隐私吗？
- 她是否不愿意承认自己的弱点？

当你发现某人具备了解和关爱的潜能，恭喜你，赶紧接近他/她，这可是个获得亲密的好机会！这个人很可能成为你的好搭档、好伙伴。除了这些，本书还会教你如何建立一段

愉悦的人际关系。

但是，如果你发现他/她不具备某些能力，也别气馁！上述8种能力都可以在实践中锻炼出来，尤其是在你的引导之下。耐心点！别放弃！你要坚信，只要对方愿意努力、不断提升，就一定能变成完美的亲密伙伴！

跟超过你交友底线的人说拜拜

请记住，完全没必要与每一位认识的人创造亲密关系。你只需和一两个人保持亲密，就能缓解孤独。换言之，勉强创造亲密关系没有任何意义。如果你在犹豫是否应该与对方创造亲密关系，那就给彼此一点时间，放弃这个机会也未尝不可。你要相信，创造亲密关系的机会无处不在。

值得注意的是，某些场合、某些人，你确实不应该有过多的亲密接触，不恰当的亲密行为可能会造成多方困扰。举个例子，与朋友的配偶接触过多就很不合适。有些看起来很贴心的行为可能被视为越界。当然，具体情况需要你自己去判断。你只要懂得如何挑选亲密伙伴，如何照顾周围人的感受即可。

还有一些人不适合成为亲密搭档，并非因为环境因素，而是他们基本的性格特质。心理变态和精神病患者非常危险，我们在寻找亲密搭档的时候要特别注意。

心理变态和精神病这两个专业术语，解释起来非常复杂，大众也常常会误解。因此，我们用心理学专家约翰·高特曼夫妇的研究结果，来简单定义这两类危险人群。高特曼夫妇把心理变态和精神病患者比喻为"斗牛犬"和"眼镜蛇"。

"斗牛犬"可能有以下倾向：

- 暴躁、易怒；
- 猜疑、妒忌；
- 喜欢说教和居高临下的态度；
- 暴力倾向，对越亲密的人越是如此。

"眼镜蛇"可能有以下倾向：

- 迷人的外表；
- 喜欢威胁和控制他人；
- 很享受让他人恐惧的感觉；
- 受到惊吓时极易对他人施加暴力。

以上分析让我们知道这两类人的危险性极大，应该竭尽所能地避免接触这两类人。除此之外，还有哪些人是我们需

要避免接触的呢？因为亲密伙伴具有直抵你内心世界的强大力量，所以，如果你对某些性格特点和人格特质无法容忍，请一定要列出来。比照列出的清单，你就可以轻松知道哪些人需要避免接触。你也可以设定一个原则底线，一旦有人触碰，就及时中断亲密关系。尽管"斗牛犬"和"眼镜蛇"是我们公认的破坏分子，但究竟如何选择还是由你自己决定。

以下关于人际关系底线的案例或许可以为你提供思路。

- 一位女性把不饮酒作为她的交友原则，所以和她关系亲密的人都不爱喝酒。
- 一位被长期患有抑郁症的母亲抚养长大的男孩，决定不去追求那个患有抑郁症的女孩。
- 一位单身爸爸决定不和同样是单身爸爸却总是批评埋怨孩子母亲的同事做哥们。

如何才能知道哪些事情会触碰交友底线？你可以通过回顾和审视过去的经历来发现它们。哪些事情，让你再也不想和你的亲密伙伴相处？这些事情就是你的底线，就是亲密关系的破坏分子。你还可以运用你的直觉。有没有某个人，只要他一出现，你就会感到不安？只要遇到他/她，你就会特别焦虑？这些看似毫无根据、莫名其妙的直觉反应，可能有着深刻的内涵。是因为他的幽默感太多?还是她过度的好胜心让你想远离?这些阻碍人际关系发展的小细节,都值得被注意,因为它可能就是你的底线所在。它可能在提醒你,这个人不能成为你的亲密伙伴。

挑选亲密伙伴的旅途漫漫,不是每个人都会被相同的对象吸引。希望那些吸引你的人,能够真正懂你、了解你、关爱你,成为你最亲密的伙伴。

提问时间:自我反思

- 你认识的人中,谁具备这4种基本的了解能力?
- 谁懂得这4种基本的关爱技巧?
- 在你的生活中,有不适合创造亲密关系的对象吗?是环境原因还是性格原因?
- 挑选亲密伙伴时,你的交友原则是什么?底线在哪里?哪些特质吸引你,让你特别想和他深入交往?

挑战自我:学习实践

拿出纸笔,写下你今年遇到的所有人,挑选一个你想深入了解的人。踏出第一步,约他/她出来聊聊天吧!

亲密贴士

吸引力是产生亲密的第一动力。吸引力，不只存在于爱情中，也存在于各类人际关系里，是一种被他人吸引的感觉，一种想要进一步了解对方的渴望。吸引力常常自发出现，是人们选择亲密伙伴的起点。

当你被她吸引并进一步深入了解她时，需要确定她具备与人创造亲密关系的某些能力。

表明某人具备了解技巧的4种能力：

1. 自我表达能力
2. 互惠能力
3. 接受新信息的能力
4. 活在当下

亲密贴士

表明某人具备关爱技巧的 4 种能力:

1. 感受和表达情绪的能力
2. 适当的反应能力
3. 承担责任的能力
4. 接受关爱的能力

请记住,你无须和遇到的每一个人都创造亲密关系。有些人,比如"斗牛犬"和"眼镜蛇"不适合做朋友。同时,也要学会拒绝和那些违背你原则、底线的人创造亲密关系。

05

你我都被网络宠坏了：
想太多，做太少

重要的是,不要停止问问题。好奇心的存在,自有其道理。

阿尔伯特·爱因斯坦

通过阅读前面 4 章,你懂得了什么是亲密,了解了亲密关系的好处以及阻挡我们创造亲密关系的各种障碍,你知道那些化解孤独的旧日神话应该被破除,也明白如何挑选合适的亲密伙伴。现在,我们将进一步学习如何与他人创造亲密关系。我们知道,感受亲密的第一步,就是掌握了解的艺术。真诚而深层次的了解意味着从对方的角度理解他。所以,有没有一种系统而可靠的方法可以培养这种能力呢?

在探究如何了解他人之前,我们先解决一个基本问题:我们为什么要学会了解他人?换句话说,究竟是什么阻挡我们深入了解他人?对大部分与孤独抗争的人来说,了解他人又能很好地被他人了解,是件极其罕见的事情,深入而亲密的人际关系，更是少之又少的。人们需要花费大量时间，才能对彼此敞开心扉。即使你和他共进午餐，又能对他了解多少呢？恐怕也是一无所知吧！为什么会这样？深入了解他人真的这么难？我询问了周围很多被孤独困扰的同事，他们承认，敞开心扉之前，需要对他人建立一定程度的信任。我们可以理解为，信息的传播能力太强大，以至人们都不敢轻易透露个人信息。这种自我保护机制，大多数人都有。

如果我们渴望亲密，被某个人深深吸引，为什么还踟蹰不前？我的观点是，我们不应该徘徊犹豫，也不要再被自我保护机制困住，前进一步吧！实际上，我们并没有受阻碍，只是缺少走进他人内心世界的沟通技巧而已。

缺少技巧的聊天，让我们的人际关系发展陷入瓶颈。我们的聊天还是停留在初识的那天，聊着生活、工作琐事，谈论着新买的手机和包包，一切都围绕着欲望。

这种专注于欲望的肤浅对话非常普遍，但对真正了解一个人没有多大帮助。让我们了解对话的本来面目，找到需要突破发展瓶颈的原因吧！

你是不是"想太多"小姐？

专注于欲望是什么意思呢？这里的欲望，是指你不介意告诉任何人的事情。举个例子,你可以告诉任何人你喜欢在周末做的事情("我想周末去打高尔夫"),或是你最喜欢的红酒类型("我想要解百纳")。甚至是某些看起来似乎是深层次的信息,比如告诉某人你想换工作或想买套房子,也仍然停留在对一个人的表面了解。

以想买房子为例。你和一位刚认识的朋友聊起你想买房子,她对这个话题很感兴趣,因为她也想拥有属于自己的房子。想买房子是个很普遍的欲望,这很容易让你的朋友假定你们想买房子的理由是一样的。在你们各自回家后,她就会想:"我们处在人生的同一节点,我们有很多共同点。"

但只要拨开欲望的表面,你就会发现想要买房这件事有无数的可能原因。比如,我认为房子是很棒的投资品,买房是长期投资;房子让我有安全感,让我稳定地扎根在这个城市;给我心爱的房子设计、装修是我一直以来的梦想;这样我的孩子们不用再受搬家、转学之苦了;我只想有个固定的住所;我所有的朋友都有他们自己的房子,我也想和他们一样!

你发现问题了吗?问题不是你想买房子的原因和你的新朋友不同。彼此的不同,并不是亲密关系的杀手。问题是,你们的交流完全忽略了潜藏在欲望之下的原因,而仅仅是欲望本身在说故事。然而,欲望并不是我们真正想表达的全部,我们无法通过欲望来真正了解他人。

想象一下，当你确实买了房子并迅速搬家时，你朋友的惊讶表情！她说不定还在畅想你们两个成为邻居，然后却发现期望落空了，她的心情该是多么复杂。如果是一个更严重的误解，她可能会想："天啊！我根本一点都不了解他！"

你也许想："问她为什么想买房子，这很好呀！又不是每种欲望的背后都存在那么多复杂的理由。"确实如此，就像她想剪头发可能只是因为刘海挡住了眼睛而已。

有句话说得好："没有调查，就没有发言权。"不了解欲望背后的真正原因，又怎么抓住让彼此更亲密的机会呢？你有没有想过，那个想理发的朋友，可能不是因为刘海挡住了眼睛，而是想改变形象、重塑自己？你不问，就永远不知道原因。

我们已经习惯了不去调查欲望背后的真正原因，这其实是妨碍彼此进一步了解的大问题。多数时候，欲望只是一个开始，绝不意味着结束。"当我得到我想要的东西，我就会心满意足？"事实并非如此简单。欲望，往往指向更深的层面。欲望背后那些深层次的内涵，如果你不去发掘、不去表达，又怎么能更接近彼此的内心世界呢？

和他人分享你的欲望，比如想买房子，确实意味着你们有一些共同点。但如果没有弄清楚这一欲望，就很容易假定你们在更深层次上也有共同点，从而导致误解。这被我称为"欲望—假定—误解"恶性循环。

让我们举个例子来说明这个循环是如何运转的。

艾利克斯和艾米是一对兄妹,也是非常要好的童年玩伴。长大后,他们在不同的城市生活,所以很少见面。但逢年过节相聚时,他们依旧会像儿时一样戏耍打闹、开玩笑。

在一次感恩节家庭聚会上,艾利克斯和他的妻子伊丽莎白把新宠物带来了。家人们都在逗这只小狗,艾米和它玩了一个下午,回家后还每天不停地念叨着小宠物如何的可爱和有趣。

转眼圣诞节来临,艾米也领养了自己的宠物。她带着自己的小狗在家庭圣诞晚宴中高调亮相。艾利克斯,艾米的大哥却开始取笑她领养宠物的行为。出乎艾米意料的是,艾利克斯竟然说她是"孩子狂"。艾米又困惑又恼怒,于是把艾利克斯叫进房间。

"你为什么说到孩子?"艾米质问道,"这是什么跟什么?领养宠物跟孩子有什么关系?"

"好吧!我和伊丽莎白养狗是在为未来带宝宝练手!"艾利克斯羞涩地回答。

"我只是觉得小狗很可爱,你这个傻瓜!"艾米喊道。

他们为彼此的愚蠢大笑不止。幸运的是,对艾米和艾利克斯来说,这个"欲望—假定—误解"恶性循环无伤大雅。但我们可以看到,这种对他人做某事的动机的完全误解,很可能造成双方失和。如果你误解的是一件很重要的事情,那么将犯下巨大的错误,导致彼此的内心世界越来越远。

我们做出的假定,只是根据自己的经验和想法,假定对方欲望背后的故事和原因,并不是欲望的真正原因,不能让我们接近他人的内心世界,我们看到的只是自己内心世界的反映。这些假定,有时会带来一些泛泛之交,最坏的时候甚至会带来极不稳定的人际关系,并最终分道扬镳。

好莱坞明星金·卡戴珊就曾因"欲望—假定—误解"恶性循环,产生了一段极不稳定的人际关系。2011年10月,金·卡戴珊与美国篮球明星亨·弗里斯结束了他们只有72天的婚姻。据媒体报道,他们的婚礼耗费了1 000万美元,还在《与卡戴珊姐妹同行》的真人秀节目上连播出4期。他们挥霍无度的婚礼和匆匆结束的婚姻引起了公愤,很多人认为他们在炒作,在欺骗公众。

和很多人一样,我相信真正的婚姻建立在爱的基础上。但有些人的婚姻,只谈到自己的欲望,而忽略了彼此的生活。比如,卡戴珊想要嫁给运动明星,而弗里斯刚好就是;卡戴珊想要很多孩子,弗里斯刚好也喜欢孩子;卡戴珊希望对方来自基督教家庭,弗里斯刚好也希望与一个基督教女子组建家庭……这一切,真的很登对、很匹配,不是吗?

似乎不是。我猜想,卡戴珊和弗里斯结婚前一定认为自

己和对方是绝配,这比离婚更令人震惊。说到底,他们陷入了"欲望—假定—误解"的怪圈,"我们想要的都一样",但这是爱情吗?

和你未来的伴侣有共同需求,这是好的开始,但也只是开始。接下来还有更重要的部分:调查你们的需求背后的真正原因。例如,想要嫁给运动明星的真正意义是什么?让自己更有钱?可以不用努力工作?还是因为喜欢运动?

卡戴珊在她的另一档真人秀节目《金和考特妮的纽约行》中回应称,"嫁给运动明星"是为了让自己更出名,让事业发展更好。很遗憾,现实往往充满戏剧性,弗里斯认为卡戴珊应该放弃自己的事业,做个全职太太,这和卡戴珊之前的期望背道而驰。

看完这个故事,我真的为卡戴珊感到难过,我能感受到她的失落和悲伤。在许多采访中,人们都可以看到她脸上流露出的失望与悲伤,她说:"我对他、对婚姻做了太多的假设。弗里斯的需求和我完全不同,我还以为我们想要的是一样的!我以为我们曾讨论过这些!"事实上,他们并没有讨论过。他们讨论的只是各自的欲望,只是站在各自的角度去揣度对方。

人际关系的分崩离析,是"欲望—假定—误解"恶性循环的最大问题。别担心,接下来,本书将教会你如何终止这种恶性循环。

你是不是"难移寸步"先生？

我们是如何陷入"欲望—假定—误解"恶性循环的？我们真的无法创造更深入的人际关系吗？还是我们没意识到亲密的存在？

一千个观众就有一千个哈姆雷特。每个人对这个问题都有不同的看法。调查能力的缺乏和不断深化的科技思维定式存在明显的关联。我们花费大量时间玩手机、上网，这的确会影响我们与他人的交往、接触。众所周知，科技教给我们的很多事都是没意义的。

正如前文讨论过的，效用原则是科技教给我们的第一课。现在让我们来看看科技的另外两个原则：数据和发现。

你可能会很奇怪，但其实我已经和数据打交道很多年了。在我成为人际关系培训师之前，曾为硅谷的很多初创公司做绩效营销工作。市场营销直截了当，即通过在线和移动广告让产品被公众所熟知。而绩效营销工作，会使用大量数据。

我和我的团队一切以数据为上，完全靠数据来决策顾客喜欢什么。这是因为数据比我们更了解市场。数据知道你正在互联网上浏览什么，你用鼠标点击了什么，你在购物网站上买了什么。它知道你在哪里犹豫不决，也知道你在何时下定决心。数据，就像隐藏在背后的眼睛，知道什么改变了你，

更知道如何让你再次消费。

随着时间的推移，我们的团队越来越能准确预测人们喜欢什么。女性通常喜欢紫色，女性也喜欢单词游戏，那些喜欢紫色和单词游戏的女人，更有可能买手表。这听起来很可笑吧！但只要我们把各类数据汇总，就能直观清楚地分析定位客户。没错！我们在用数据勾勒你的网络体验。

数据对人们深度沟通有影响吗？是的，它确实会影响了解。通过数据，我们可以了解你的个人技术和经历。传统的广告营销人员，会运用聪明才智和对顾客心理的体察，来推测顾客的消费需求。但现在，数据可以告诉每一位绩效营销人员他想知道的一切。

我们的每一次鼠标点击、每一次网络购物，都是在告诉互联网（及手机应用）我们是谁。聪明的网络设备不断地匹配我们的经历，影响我们的选择。数据极大地改变了我们的生活、经历和思考方式，而我们却无法真正了解和掌握它。

数据无所不在，从电视广告到网络搜索，从移动终端到数字媒体。数据，决定你在情人节该买什么颜色的花，该和相亲网站上的哪位先生／女士约会。嘘！数据甚至能猜中你的隐私，知道你的三围和内衣颜色。

Adore Me 是一家主营内衣和泳装的快时尚电商。为了解用户需求和喜好，Adore Me 公司进行了一系列严格的测试。

2014年，《快公司》杂志上的一篇文章这样写道："Adore Me 每月会比对数据库中的所有图片，整合一系列互联网信息，并判断客户对这些图片的偏好。"

"同时，Adore Me 会聘请一名男性摄影师，为产品图片的拍摄提供专业性指导，包括模特儿应该离镜头多远，某处是否应该进行模糊处理，哪个特定的角度能促进产品销售等。举个简单的例子，双手放在臀部的造型，能让手臂看上去更瘦一些。据 Adore Me 公司的内部数据，仅这一细微的变化，就能创造双倍的利润。"

数据很重要，因为它们能显著影响你与智能手机等设备的交流方式。作为互联网大军中的一员，在线搜索你想要的东西已经是过去式，全覆盖的互联网思维正在涌现。

在不久的将来，互联网将成为一个内容发现的平台。内容发现，即你想要的东西都会自动出现在你面前，不仅仅是产品生产者希望你想要的东西，你真正想要的东西也会出现。

2014 年，美国《福布斯》杂志发表的一篇文章详细描述了这个变化："互联网的不断发展和移动平台的兴起，将从根本上改变内容发现。内容发现不再是用户简单的输入查询。如今，内容发现更加自动化、个性化，并且还在不断发展。内容发现是一个帮助你探索新课题、新信息的过程，你不需要主动搜索它们，它们会自动呈现在你眼前。"

Inc.com 网站也发布了一篇类似的文章:"如今的互联网包含了如此庞大的信息,于是,主动搜索常常没有什么用。许多公司会提前运用数据锁定客户需求,你什么都不用做就能知道你想要的信息。"

请注意,这两篇文章有一个共同的结语:"你不需要主动搜索它们"和"你什么都不用做"。所有这些,正一步步影响着我们的调查、研究能力。科技与人的交互,让我们不需要探究、搜索和询问,不需要付出任何努力就能获得想要的信息。我们急需的了解,终于在浩瀚的数据海洋里,浮出冰山一角。

数据和内容发现,这些科技思维定式影响了日常的人际交往。新的思维方式正在形成,即"我几乎不用做任何事,就能得到想要的信息"和"如果你希望我了解你,你最好自己把深埋心底的有价值信息表达出来"。

当接收对象是互联网时,这不失为更有效的方法。但如果对象是人呢?这样的心态真的能帮助我们了解他人?这或许是个阻碍呢?

先申明,如果你通过科技镜头来看世界,这不是你的错。每个人都是从周围的环境中培养兴趣、学习知识,毫无疑问,科技正在改变我们所处的环境。科技本身没有错。那些推动技术进步、引领科技潮流的人,只是在努力让科技变得更有用,让生活更便利、更有意义、更有趣而已。

但是，如果你想拥有一份亲密关系，就需要舍弃那些"信息会自动出现"的想法。换句话说，你需要搜索，你得付出努力。毕竟，了解和关爱是个动词，不是吗？

那么，想深入了解他人，该从何开始？很简单，从欲望开始，但不要止于欲望。和我们在第4章中学到的一样：从吸引力开始，但不要止于吸引力。先了解对方表面的信息，再逐步深入。询问、留意、调查之后，奇迹就会出现。

提问时间：自我反思

- 什么事情让你觉得需要推翻对某人的假设？
- 你曾经完全错误地理解某人的意图和动机吗？它是怎么发生的？
- 你感觉到某些科技思维定式正在悄悄潜入你的人际关系吗？

挑战自我：学习实践

永远保持好奇心。任何环境或人际交往状态下，先问问自己："我对现状充满好奇吗？"把这句话当做一句有魔法的咒语，反复地默念一整天。

亲密贴士

创造亲密关系的第一步,就是掌握了解的艺术。阻碍我们了解他人的主要困难就是我们过于关注欲望。

欲望本身不是坏事,问题是,我们的交流完全忽略了潜藏在欲望之下的原因,而仅仅是欲望本身在说故事。欲望,并不是我们真正想表达的全部,我们无法通过欲望来走进对方的内心世界,真正了解对方。

欲望还会带来假定。如果我们有共同的欲望,就很容易假定背后的真实原因也是一致的。这可能会产生更多误解。

科技思维定式在很大程度上影响了我们的欲望。个人科技的进步让用户不费吹灰之力,就能得到想要的信息。换言之,我们正在远离主动搜索,靠近被动发现。我们与科技产品接触、交互越多,就越缺乏主动搜索的能力。

进入他人内心世界的一个重要方法,就是了解他人的欲望。换句话说,就是去主动搜索。调查,是一项活动,一种可以后天习得的技能。

06

了解：聆听心底最真实的声音

只有通过原谅,我们才能获得内在的健康,不仅仅是原谅他人,还有原谅自己。

美国畅销书作家 约书亚·罗斯·李普曼

现在,是时候具体谈谈如何深入了解他人的内心世界了。正如前文所讲,了解开始于欲望,但不止于欲望。在本章,我将告诉你一系列沟通技巧,教你真正了解欲望背后的真实想法。

欲望,通常比我们看到的表面更有深意。很多时候,看似不同的欲望,追溯其本源都只有一个。欲望的本源,来源于人的内心世界。了解欲望的本源,才能从根本上了解一个人。

那么,我们该从何处着手了解它们呢?首先,我们必须了解什么是欲望的本源。欲望主要源自需求和价值。人们常常会混淆需求和价值,它们的确有很多相似之处。需求和价值最主要的相似点是,它们都能够回答这样一个问题:"你在

关爱 / 关注什么？"需求，代表一个人对某物的关爱。价值，也是同理。

请注意，我是在用关爱定义需求和价值。我们都知道，了解和关爱能创造亲密关系。让我们来回忆一下关爱某人的含义。关爱，即关心和爱护，意味着照顾对方的感受，告诉对方"你的幸福对我很重要"，并展现对她的关爱。这些原则也可以用在某种事物上，比如关心他人的想法、信仰、兴趣、任务和目标等。

假设你很关注平等，平等是你的价值之一。平等本身就是一个想法、一个概念，这一概念也以同样的方式存在于他人的身上。你可以跟平等的概念有特定的关系，其他人也可以与平等有完全不同的关系，就像人与人之间的关系一样。但任何两个人之间的关系，都不会和第三个人的关系完全相同。

换句话说，你与平等这一价值有关联，就意味着你关爱平等吗？我们都知道关爱的第一步就是感受对方的感受，感受对方的幸福。你也确实可以关心平等的幸福，但这只是意味着，在你心里，平等是一个重要的概念，你想要它尽可能好好地存在下去。

关注平等，就意味着在任何不利环境下，都愿意遵守这个价值观，哪怕有更好更优的选择。这就像某人在你心里占有一席之地，有他人不可替代的位置。

但是，进入关爱的第二步，你该如何对他人展现关爱呢？你该怎样对价值展现关爱呢？这听起来确实有些莫名其妙。平等，可是一个抽象的概念。它不需要你发短信安慰它的失业，你更不需要在分手时借它肩膀痛哭一场。

但是，当平等被践踏时，它需要你的支持；当平等陷入困境时，它需要你的帮助。也就是说，你可以通过这些来展现你认为的平等这一概念的幸福和关爱。平等这一概念的幸福，与我们平时说的幸福不同，它意味着我们的社会、制度与意识是健康的、完善的。所以，请尽我们所能将这些正面的、积极的概念发扬光大。

我们关心爱护的需求和价值，是人们欲望的本源。它们反映了我们心底最真实的声音，这很重要。需求和价值，更是我们内心世界的重要构成。

情绪的诉求

如果需求和价值，都能回答"你在关注/关爱什么"，那为什么要把这两个概念独立开来？为什么欲望不能只有一个本源呢？

如前所述，需求和价值确实高度相关。在你深入了解他人的过程中，总会有些时刻难以分清究竟是在探寻需求，还是在发现价值。但它们二者之间的一个重要不同就是：人们的需求极其相似，但价值却因人而异。

举个例子，如果你的需求得不到满足，日常生活就会有很大影响，甚至连每天起床、完成工作、维系人际关系等基本事项都难以进行。但如果你的价值被忽视、被漠视，日常的外部生活还是会继续运行，只是内心会感到不舒服。

每个人的基本生存都依赖于各种需求，我们不能否认或忽视需求的存在。而价值，是你追寻的特殊意义，它让你的生命变得更有意义。因为身体或现实原因，需求找到了我们。但价值，是我们自主选择的。基于这一不同，需求和价值，可以出现在不同的场合，也可以以不同的方式创造亲密关系。

同事的抱怨

听到"需求"二字时，大多数人会联想到生活必需品，比如，空气、水、食物、住所等。马斯洛需求层次理论，被认为是经久不衰的经典理论。它将需求从低到高分为五个层次：生理需求、安全需求、社交需求、尊重需求和自我实现需求。

1943年，美国心理学家亚伯拉罕·马斯洛提出了马斯洛需求层次理论。时间过去了70多年，该理论仍然被广泛运用于各个领域。不仅如此，马斯洛需求层次理论还表明，同样的需求适用于任何不同的人，这正是需求和价值的显著不同。

提到需求,我总能想起我的一位朋友。她是我的前同事,我们曾在同一个绩效营销团队工作。她是个充满想象力和创造力的设计师。我和她是团队里仅有的两位女性,于是很快变成无话不谈的好朋友。我们一起同情身边的男同胞,可怜自己不得不经常加班,叹息茶水间只有功能饮料。然而,随着时间的推移,这些怜悯和叹息变成周而复始的抱怨。

"那些工程师非得到中午才能进入工作状态!我都忙了一整天了,他们才开始工作。我还得和他们一起加班!我快要抓狂啦!"她抱怨道。

"你可以晚点来上班,对吧?"我给了个小建议。

"我做不到……过了7点我就睡不着了!"

即便是周一,在度过轻松愉悦的周末之后,她还是会不停地抱怨她有多辛苦。

"你周末不休息吗?"我问她。

"根本没时间休息呀!只有周末我才有时间约会、洗衣服、去超市采购……我真的快要累垮了!"

回想起来,主要是需求在作祟。根据马斯洛需求金字塔,她连最基本的休息这一生理需求都无法得到满足。我们也常常忽略基本的生理需求。例如,很多人不按时吃饭,经常加班到很晚。最终,他们精疲力竭,体力不支,各项生理机能都无法很好地运转。

请务必满足以下需求：

安全　基本的保护　尊重　自主权　自我决定

自由　健康的体魄　身体各项功能正常

足够的食物　性生活　可靠性　就业

可预测的环境　收入稳定　社会支持

不脱离社会　兴奋点　兴趣爱好

你在探寻他人的内心世界时，总能发现他某些需求得不到满足。未满足的需求，倾向于在价值之前浮现，因为当你的身体正在对某些事物无比渴望、特别敏感时，是很难注意到其他事物的。你活着才有机会填饱肚子，填饱了肚子才能找到一所房子，有了住所才能考虑组建家庭，有了家庭你才会投身于公益事业……

喜爱同一书桌的不同理由

价值，与需求截然不同，它是高度个性化的。对你而言可能是天方夜谭、浪费光阴的价值观，对他人而言可能是人生准则。需求，绝不可能如此。两个人绝不可能因为是否应该饮用干净的水而大打出手。

所以，价值到底是什么呢？价值，就是那些你无比珍视、值得用生命去维护的东西。价值可以是有形的，比如，一张你祖父传给你的古董书桌。价值也可以是无形的，比如，一颗想拯救地球的心。价值可以是任何事物，任何对你来说重要的事物，无论是某样东西、一寸土地，还是一个想法、一项准则、一个目标或是一段人际关系。那些让你全身心投入、为之努力的一切，对你来说就是价值。

很不幸地，我们很多时候并没有意识到我们拥有的价值，或者因为各种原因，无法优先考虑自我价值。这常常导致出现一种消极的想法：从某种意义上说，我们的生活毫无意义，或者说生命本身毫无价值！抑郁、不安、悲哀……这些都是生活中缺少已知和被尊重的价值观的后果。换句话说，拥有已知和被尊重的价值观后，你会找到个人存在的意义。

有诸多关于价值的论述，这里列举几个普遍的价值：

学识　幽默　审美情趣　成就　与大自然的交流

利他主义　冒险精神　养育义务　探索精神

美德　征服　信仰　和谐　诚信　忠实

自省　领导力　承担风险　鼓励　正义

公平　韧劲　自律　责任　风格　传统

正如我所说，价值丰富多变、充满个性。即使是有形的价值，比如，一件物品，从一个人手中转移到另一个人手中后，它的价值也不见得会保持不变。你的祖父把他的古董书桌给你后，你很珍视它，因为你知道祖父很爱惜这张桌子，所以你也会妥善保管它。但如果细想一下，这张书桌对你和祖父的价值又是不同的。祖父觉得桌子珍贵是因为它的用处多多。你觉得桌子珍贵，是因为它来自你的祖父，充满了情感价值。如果你把书桌卖给别人，别人可能只是因为桌子很精美而珍惜它。

换言之，书桌在不同人手中，其价值也不尽相同。抽象的价值也是如此。两个人都视高雅为自己的价值观念，但高雅可能对他们有着轻微（或显著）的不同，他们也都以不同的方式秉持着这个价值观念。

当涉及需求，那些未满足的需求确实很容易被发现。我的需求是休息，所以我很想睡个好觉或度个假。而谈及价值，却要复杂得多。一位女士珍视优雅，可她的穿衣打扮似乎并不优雅，那她到底想要什么？坦白说，我不知道。

事实上，这很重要。这指出了一个事实：一个人的价值无法原封不动地转移到另一个人身上。这意味着，我不知道她所说的优雅究竟是什么意思，也不知道她欲望的本源到底是什么。也就是说，除非我开口询问，否则我将一无所知。

邀请式提问，是深入了解他人价值的重要方法，我们将

在接下来的课程里学习到。只有看到对方真正的价值,我们才能真正做到感同身受。这对任何人来说,都是不小的挑战。但只要你做好这一点,深入了解对方就不是那么难的事!

被宠坏的孩子 VS 有梦想的青年

需求和价值各自以不同的形式展现。当然,需求和价值各自拥有不同的规律和特征,我们在日常生活中就能识别它们。有时候,你可能不费吹灰之力,就能辨识他人的需求或价值。但更多时候,那些未被满足的需求,或是被忽略的价值,往往隐藏在某些行为和特殊表达中,你需要付出一点努力,才能发现。

需求得不到满足时可能会呈现的行为迹象:

- 抱怨
- 责备、谩骂、中伤
- 八卦(在团队或人群中)

想想我那位设计师朋友吧!她总是不停地埋怨工作辛苦,抱怨是她休息需求未满足的一种表现形式。再来看看其他通过抱怨表达的需求。

表达抱怨:"我的老板管得太多了!"

可能未满足的需求:自由或自我决定权

表达抱怨:"我的室友太疯狂了!"

可能未满足的需求:私人空间或可预期的环境

表达抱怨:"我的朋友有点神经质!"

可能未满足的需求:社会支持或预见

抱怨并不害人害己,不一定是件坏事,只要它们不存在或变成伤害他人或人际关系的抱怨就行。偶尔的抱怨,甚至还能收获奇效。如果某人忍不住不停埋怨,很可能说明他正在关心着什么。巧妙地利用对方的抱怨,也可以加深彼此的了解。与其随意扩散对方的抱怨,或让这份抱怨转移到自己身上(最大的错误莫过于此),不如借抱怨之力,更好地了解对方。"你的状态看上去很不好,是什么让你心烦意乱呢?"她的回答,就是她内心世界的一部分。

注意,如果你已经不自觉地陷入了"欲望—假定—误解"的恶性循环,学会辨别不同的需求,将是摆脱它的开始。毕竟,假设她和你一样需要食物,比假设她和你一样精通长号演奏,简单开心多了。

人们较少用抱怨来表达价值得不到满足。食物、水、空气、休息……这些需要得不到满足，极易引发情绪的愤怒。这样的表达，促使他人了解你的需求。但如果是价值被漠视、被忽视，则会让人萎靡不振，产生莫名的不满情绪。当人们感到不爽却又难以言述到底哪里出错的时候，他们往往会选择缄默。需求得不到满足，人们可以宣泄，价值被忽视却深藏内心。

价值得不到满足时可能会出现的行为迹象：

- 退缩
- 失望、沮丧
- 心烦意乱、焦虑不安

让我们来看几个沮丧的例子，看看这些沮丧源于哪种被漠视的价值。

表达沮丧："我喜欢我的工作，但什么也学不到的感觉，真的很糟！"

可能被忽视的价值：学识或个人成长

表达沮丧："我希望有更多的时间离开这座城市，出去看看！"

可能被忽视的价值：自然或宁静

表达沮丧："为什么我一天忙到晚，却总有碌碌无为的感觉？"
可能被忽视的价值：平衡或成就

表达沮丧："把孩子哄睡后，我不知道自己能做些什么。"
可能被忽视的价值：实在找不出什么价值被忽视了，你需要深入了解！

如果你尝试与某人创造亲密关系，而她有上述表达，你就必须探索这些表达背后的深刻含义。这是直抵她内心深处的关键所在。当你真正懂得她所要表达的内涵，才能真正了解她、理解她。

当然，最大的挑战是，这些表达可能复杂多变、难寻踪迹。可能她自己都不明白，为何自己会深感沮丧。可能她拒绝用言语表达她的不安，毕竟，如实表达内心的焦虑不安，确实令人不舒服。开始暴露沮丧或失望背后潜藏的内涵，会让大多数人感觉受伤。但细节很重要，个性才能创造亲密。

玛德琳与父母做斗争的过程，让我明白了需求和价值在表现自己上的差异。玛德琳和父母的关系非常紧张，因为她梦想成为纪录片摄影师,但父母不同意。于是,她产生了逃避父母的情绪和想法。

庆幸的是,玛德琳的父母邀请我为她做心理辅导。她的父母向我讲述了他们的情况和想法:"我们每个月都给玛德琳足够的生活费,只是希望她有一份真正的工作。玛德琳是个被宠坏的孩子,但我们希望她能养活自己。""你们反对她的梦想吗?"这一对父母笑道:"不!我们绝对支持她!"

家庭成员之间的分歧和争执,并不是孤立存在的。很多时候,这些争执都集中于一点,并最终导致了情绪的激愤。但过后一想,所有的争吵,本质上都是某一需求与价值的冲突。

玛德琳的父母责备她,说她是个"被宠坏的孩子",明显表明父母对玛德琳现在的财务情况很不满。再深入一点,我们发现,她的父母是在担忧自己的财务状况。换句话说,他们感觉自己的财务安全受到威胁。他们希望即使自己离开人世,宝贝女儿也能生存下去。

生存,是人类最基本的需求。而玛德琳关注的是自己的价值。她觉得自己正在做一件大事,这件事比挣钱更重要,可父母不能理解她。她梦想制作一部纪录片,为那些丧失发言权的人发声。她希望让世界更加透明、诚信。她愿意牺牲自己的需求,用更多的时间为她的人生价值奋斗。

最终,玛德琳一家达成了一致。玛德琳愿意找一份时间灵活的工作以养活自己，同时利用业余时间继续她的纪录片事业。她的父母决定多存钱，来支持玛德琳的事业选择。这是一个相互妥协的两全之法。只有相互谅解、彼此接受对方的需求和价值，才能让一段关系更加亲密。

抱怨百害无一利？

需求和价值，是欲望的本源，读懂它们，就能创造你期待已久的亲密关系。下面，我将为你提供一些指导和参考，帮助你增进了解。

需求通常出现在价值之前，一般通过抱怨等口头形式表现。也就是说，当你渴望通过了解来建立一段亲密关系时，应该时刻关注对方的需求。对现状的抱怨、对他人的责难或是担心的言语，都是因为需求得不到满足。你不需要解决问题，关注需求、了解这些需求的影响，就足够了。

价值往往比需求隐藏得更深。价值因人而异，探寻价值能让你们走得更近。

记住！我们通常不在日常生活中讨论价值，通常不会把它们作为谈话的主题。

因此，你需要积极"调查"你伙伴的价值观，尽量避免"信息不需要付出努力就会自动浮现"的心态。当对方也无法清

晰描述自己的感觉时,千万别灰心!这只是一个过程。

此外,和你的潜在亲密伙伴分享价值,真的没那么重要。相似的价值观也许能缓解紧张的人际关系,但一般情况下,不要过多在意对方是否和你有类似的价值观,否则很容易陷入以自我为中心的对话。

当然,如果你们有共同的价值,那就关注并牢记它。当你们分享人生意义和未来打算时,绝对能用上。如果你们始终没找到共同的价值,也无所谓,你只需继续努力地增进彼此的了解,就能获得更多亲密。

走进他人的内心世界,并不容易。建立亲密关系,关键在于获取、整合对方的个人信息,并在未来的交往中恰到好处地对待她。每位潜在的亲密伙伴都需要具备接受新信息的能力吗?这问题的答案由你说了算。

获取信息,对亲密关系的创造至关重要。正如社会心理学家、人际关系专家苏珊·E.克罗斯所述:"当人们想创建一段人际关系时,他们不仅会积极、热烈地回应对方的表达,还会记住这些信息,并依照这些信息行动。"换言之,了解是一项主动行为。

另外,请允许对方发生改变。长期的人际关系里,改变不可避免。所以,你得积极拥抱变化。如果一段时间之后,对方对某些价值失去兴趣,也无可厚非。你只需及时更新关于她内心世界的图景,并提前应对这些变化。变化的时刻,也是重新调整、认识对方的时候。

提问时间:自我反思

- 你发现自己(或朋友)经常抱怨某件事吗?可能是哪些需求没得到满足呢?
- 你发现自己(或朋友)有逃避的行为吗?可能是哪些价值被忽视了呢?
- 就像玛德琳和她的父母一样,在你的生活中,有没有因为需求和价值不同而发生争执?从需求对抗价值的角度,接近冲突的中心能帮你化解矛盾吗?

挑战自我:学习实践

回顾本章所列举的需求和价值,哪一个让你印象深刻呢?找出10个最能打动你的需求和价值,想想它们对你的意义。

亲密贴士

我们的欲望有两个本源：需求和价值。它们都能产生欲望，因为都解答了这个问题：你在关爱/关注什么。了解他人的需求和价值，能帮助你进入他人内心世界。

需求和价值的不同之处在于：人人都有相似的需求，而价值却因人而异。需求让你的生活正常运转；价值让人的内心备感慰藉。

我们应该如何区分需求和价值？未被满足的需求常常通过宣泄——抱怨或责备来表达；被忽视的价值则相对安静，往往表现为不安、沮丧。

记住，你只需要了解对方的需求，但不必为了满足对方的需求而做些什么，也不要试着去改变或影响对方。你只需要深入了解对方，了解越深入，关系越亲密，孤独也越远离。

07

聊不起来?
可能是你问得不对

应当仔细地观察，为的是理解；应当努力地理解，为的是行动。

法国文学家　罗曼·罗兰

过往的经验告诉我们，通过提问了解彼此，是个不错的办法。然而，很多人低估了提问在交流中的重要作用。也许，我们会害怕回答问题、不想被问题打扰，但不管怎样，提问应该成为你了解他人的常用方法。

提问的重要性不言而喻。首先，提问让对话有了互动，不再是只关注自己，不再是独角戏。虽然不知道什么原因，但这类互动方式总能拉近彼此的距离，让我们惺惺相惜、远离孤独。

问答式的互动交流，跨越了"我的故事"与"你的故事"的界限，通过提问与回答，共同讲述"我们的故事"。"我"和"你"，都是故事的主角，都参与其中。

我可以大胆地说，问答是唯一能帮助我们了解他人的对话技巧。通过问答，我们能分享彼此内心世界的更多细节，能展现我们对彼此的兴趣。现在，我只想说，问答，是沟通最好的方式，因为你会注意到、关心到对方在说什么。

让我们来具体感受一下提问的重要性吧。《纽约时报》的情感专栏刊登过一篇名为《这么做，你可以爱上任何人》的文章。文章的作者曼迪·莱恩·卡特伦描述了美国心理学家亚瑟·阿伦的一项实验，该实验成功地让两个人在实验室里相爱了。阿伦是怎么做到的呢？他让两个陌生人询问对方36个问题，然后凝望对方4分钟。以下问题是那36个问题中的一部分：

- 假如你可以改变成长过程中的任何事，你希望改变什么？
- 你想做什么事很久了？还没做的原因是什么？
- 如果你知道自己会在一年内死去，会改变目前的生活方式吗？为什么？
- 如果你要成为对方的密友，什么事是对方需要知道的？

在这篇网络疯传的文章中，卡特伦承认，仅仅通过几个

问题和对视,她竟然和一个普通的大学同学相爱了!当然,说句题外话,在卡特伦心里,她知道自己在实验之前,就已经被这位男士吸引了。似乎,他们挑选彼此作为实验对象,正是因为已经对彼此产生了好感。所以,这些问题真的能产生爱情吗?我不确定。

但我喜欢这篇文章,因为我赞同它关于亲密的观点。两个互相吸引的人,想发展亲密关系,关键就是双方要持续不断地深入了解彼此。互相提问,能让他们快速走向亲密。正如卡特伦所说:"在我看来,这不只是一个关于我的故事。这个故事告诉人们,了解彼此具有多么重要的意义!"

提问,让亲密成为可能。因为问题的答案能揭示某些真相,某些隐藏在表面之下的真实内涵。这些答案,就像一束光,照亮彼此的内心世界。

这不正是我们想要的吗?所以,让我们学会通过互动提问,增进彼此的了解吧!问题可远远不止实验室里的36个哦!

你的回答是我打开你心门的钥匙

在深入学习如何巧妙地提出精彩问题之前,请先花点时间了解为什么问答式交流的力量如此之大。本章开篇已经总结了几个原因:问答式交流能让彼此讲述共同的故事;能展现出对彼此的兴趣，而这正是关爱的形式之一。

还有一个原因很少有人想起，即描述主观体验时，我们的语言表达能力非常有限。对方的内心世界是完全主观的，匮乏的语言表达阻碍了我们了解对方的内心世界。而提问让我们发现了主观体验的更多细节，从而更全面地了解对方。

举个例子吧，"在我孩提时代，我的手指曾被电灯泡烫伤了"，如果我告诉你这件事，你估计也只知道"我曾被灯泡烫伤"。这一句话能让你切身感受我曾经的体验吗？可能不行。但如果你问我一些问题，可能就会产生不同的感受。比如，"一定很疼吧？有没有留下疤痕呀？在那之后，你会恐惧灯泡吗？"你瞧，几个简单的问题，就能丰富你对他人主观体验的认知。

为了更好地理解语言表达障碍这一问题，让我们简略回顾一下人类语言的发展历程吧。虽然不知道语言到底何时出现，但我们知道，我们的祖先把声音当做交流信息的工具。大多数词语都有实用的含义，可以说实用性是语言的根本目的。如果语言有使命，那将是：我是一个实用的工具，是对世间信息的客观表达。

在古代，对同一个族群里的人来说，一个单词的含义都是相同的。举个例子，"花朵"这个词，在每个人心中的构成都是一样的。"摘花"就是一个行动的指令，对谁都一样。

同时，族群会创造不同的词语表达不同的意思。比如，

族群成员发现了两种不同的花,于是把有毒的花命名为"夹竹桃",把可做药用的花命名为"玫瑰"。每个人都知道这两个词的区别,也学会了使用它们。而那个一般性的词语(比如"花朵"),也会继续存在。

这种语言的发展迅速得令人吃惊,它极大地提高了信息的传播效率。人类最伟大的几项成就之一,就是通过语言传达客观信息。

但问题是,当你想传递主观信息时,这一连串的词汇组合可能就变得杂乱无序,原有的演变模式可能无法继续下去。例如,当我说"玫瑰",你可能明白我的意思,但当我说"真实性",你能明白我想表达什么吗?当我说"自由",你能明白吗?你真的明白吗?

当人们想要表达主观意识时,语言就不能只是传递客观信息,不能只是为了简单地把事情做好、做正确。语言的另一项使命是为了传递个人的体验信息,比如,感觉、记忆、情绪、梦想和渴望。为了更好表达这些主观信息,有效沟通和交流,我们需要更积极地调查、寻找更多词汇。

提问,绝对是门艺术,需要精心打磨。这就要求我们在太强硬和太温和之间找到恰到好处的平衡点。太温和的提问,比如问题含糊不清或太温柔,容易得到不周密、不完整的答案。太强硬的提问,比如听起来很刺耳或责难性的问题,可能会让对方产生抵抗或防御情绪。该怎样找到平衡呢？在你来我往的对话交流中，该如何维持这种平衡呢？

我先回答第二个问题。尽管提问是一门需要精心打磨的艺术，但并没有剧本。提出一个好问题，关键是保持一种邀请的心态。换句话说，就是把问题当成一封邀请函。

试想一下，向你的朋友提问，就像给他发一封结婚邀请函。发邀请函并不意味着强求他一定出席，他可以因为某些原因不出席。如果他不能来，你可能会失望，但这（我希望）并不意味着你不会再邀请他参加任何活动。对他而言，收到一封婚礼邀请函，意味着你关心他，他一定很激动，会感觉好极了！只要他能抽出时间，他就一定会出席！

人与人之间的问答与发出邀请函非常类似。当你提出问题时，你的心态应该是："我很喜欢你多讲讲这件事情。但如果你不说，我也能理解。"渐渐地，你会发现，你提出的邀请式问题越多，对方越愿意表达自己、回应你。

在对方看来，你提出的问题仿佛是一封你亲手递出的有诚意的邀请函。这可是个让对方表达自己的与众不同的好机会。分享自己的内心世界是一件特别的事情，在这个特殊的时刻，请提出邀请式问题吧！

在你第一次了解对方时，尤其要保持一种邀请的心态。这将有助于快速加深和拓宽双方的自我表达。现在，让我们回到第一个问题：如何在太强硬和太温和之间找到平衡点，提出适当的问题呢？

"为什么喜欢她"VS"她什么地方最吸引你"

太强硬的提问，不能诱导对方回应一个更加翔实的答案，对方只会回答你提出的问题，不会增加更多的内容。这是太强硬的提问的显著特点。事实上，你最终得到的答案可能更少。强硬的问题可能让对方备感压力，进而选择逃避问题，甚至结束对话。我们都知道，没有沟通和对话，就无法了解对方。

综上所述，什么是太强硬的提问呢？可以是带有责难的语气，或者有失偏颇的措辞。可能是在批评对方："你想做哪种类型的蠢货？"也可能是在讥讽对方："你怎么能做那种事？"大多数人会认为这类问题具有不好的潜在暗示。

此外，强硬的提问，往往给人自作聪明的感觉。例如，"那样做不是更好吗？"这听上去是个聪明的提问，但你的交流对象可不愿意听到这么强硬的问题哦！

在我们的日常生活中，有一种强硬式提问非常普遍，就是"关于'为什么'的问题"。这类问题会立即触发人们的防御心理，并产生一种正在被审问的错觉。这是为什么呢？

关于"为什么"的提问，不能创造亲密关系，因为这是一种提示性语言，提示对方为自己的行为辩护。防御的本质莫过于此，这对增进了解十分不利。接下来，让我用一种假设情况来说明这一点。

想象一下，一位年轻的男士带着他的女朋友，回家见自己的母亲。大家一边交谈，一边共进晚餐。这时，母亲向儿子提出一个问题："你为什么喜欢你的女朋友？"这对他女朋友来说，是个无伤大雅的问题。但那位年轻的儿子却立即警觉起来。你觉得他可能做出什么回答？讽刺地说："我不知道，那你为什么喜欢我爸？"指责地说："你的意思是你不喜欢她？"还是直接回应："我喜欢她，没有为什么！"

现在，想象这位母亲还是想了解同样的问题，只不过稍稍改变了措辞："她什么地方最吸引你？"听起来，是不是有些不同了呢？

"她什么地方最吸引你？"这个问题会让年轻的儿子开始思考自己到底喜欢这位姑娘的哪些方面。他仔细想了想，说："我喜欢她有自己的原则，我喜欢她有理想、风趣。"是的，这就是他喜欢她的地方。你瞧！只是稍稍改变了提问的措辞，他和母亲就都了解了女孩的闪光点。

想避免关于"为什么"的提问，就把它换成"什么"或"怎么样"吧！"什么"或"怎么样"这类的提问，能激发人们思考，从更深层次看到自己的独特性和内心世界。

很多时候,语言上的细微改变,就能带来巨大的不同哦!虽然提问者想通过"为什么"的问题,来验证对方的行为,但把措辞调整一下,就能引发对方更多的思考与反馈,进而找到行为背后的真正动机。

下一次,在吃饭或看电影时,问问自己:"我为什么要做这件事?"这时候,你可能会感到焦虑:"我要做其他的事情吗?如果我质疑我现在的行为,那我可能做错了什么!"请仔细体会强硬式提问带来的感觉,这样你就能真正懂得,当你抛出一个这样的问题时对方的真实感受了。

你想用柠檬做什么?

提问必须有一定的指向性和坚定性。太温和的问题,不能激发对方更深入地思考和感受,所以对增进了解也无益。

让我们再来说说那两个想买房子的朋友。我们知道,交流互动是增进了解、共建亲密关系的好机会。如果他们彼此的提问是这样的:"你想买多大的房子?""你想要几间卧室?"那么,虽然他们想了解彼此,但并不会达到预想的目的,不会让彼此更亲近。

你可能已经意识到,自己常常在日常对话中提出太温和的问题。我们都知道强硬式提问可能产生抵抗情绪,不利于创造亲密关系。虽然温和式提问不会伤害人际关系，但也毫无益处。温和式提问如同鸡肋，既不会拉远距离，也不能创造亲密。

所以，请你怀着主动邀请的心态，找到平衡的提问。平衡，就是既不强硬，也不温和，还要保持简单。这样想吧：让一个人在一根钢索上保持平衡，比让多个人保持平衡简单多了！抛出的问题越多，就越难以招架，问题太温和或太强硬风险也更大！可见，保持简单是关键！

如何让一个问题简单、恰到好处又发人深思呢？放心，绝对比你想得要简单！

第一步，保持关注。对方说的哪些问题引起了我强烈的好奇心？如果对方离开，我会有怎样的感觉？关注所有的欲望、抱怨（需求不满引起的）或逃避（价值被忽视引起的）。这些都是提问的主题。

学习提问的艺术时，提出那些你特别想问的问题，不论是强硬的还是温和的，都是很好的事情。我就总是这么做。关键是快速将脑海中的问题转换成邀请式提问。只要勤加练习，就能很快做到，所以就算你暂时不能做到邀请式提问也不用太过着急。

想要改变提问措辞，首先要做的就是远离指责性语言。不要使用"为什么"，"什么"或"怎么样"是不错的选择。

请注意,你过去的提问可能带有"不做""不能""应该""不应该"等词汇,这会让对方说出不真实的想法、做出不真实的选择。

第二步,用尽可能少的词汇陈述你的问题。问题越精练越好,这能让你在强硬和温和之间找到更好的平衡。精练的问题,让你更容易跳出问题本身,更加客观地看待问题的答案。

很多人习惯带着答案提问,觉得这样能显示自己的聪明。在商业往来中,这类提问尤其普遍。举个例子,人们习惯问"你难道不认为电视广告能促进销量提升?",而不是"你觉得什么能促进销量提升?"

在商务会谈中,这也许是个好习惯。但对创造亲密关系没任何益处。预设问题的答案,无法让你深入地走进他人的内心世界!

打个比方,你有一位朋友不开心,原因是上司不尊重他。下面这些提问方式,可能让你显得"自作聪明"。

- 为什么你觉得老板不尊重你?
- 她有什么想调查清楚的问题?
- 你做了什么跟别人不同的事情?

你看到所有的预设了吗?让我们来逐一分析。

第一个提问："为什么你觉得老板不尊重你？"言下之意是承认老板不尊重他，但你完全不确定事实是否如此。第二个提问："她有什么想调查清楚的问题？"这里有一个价值预判，就是你认为老板的行为可能是正确的，而你朋友的行为可能是错误的。第三个提问："你做了什么跟别人不同的事情？"言下之意，你认为你的朋友一定做了出格的事情。上述问题听起来很礼貌，实际上却满怀指责。

让我们改变一下提问措辞。为了让问题保持简单精练，我把每句话控制在 6 个字以内：

- 什么是重要的？
- 你觉得如何？
- 这能改变什么？
- 原因会是什么？
- 看起来怎么样？
- 还有什么？

看到这些问题，你的第一反应是什么？是否觉得这些问题听起来太无语、太尴尬！是的，不止你一人有这样的想法。我也曾羞于向别人提出这些问题！但它们真的很有用。这些问题，不带任何偏见和潜台词，也没有任何预设答案。它们只是在表达:"我就在这里,与你在一起。你可以畅所欲言,可以随意表达你的感受、你的想法。"

让我们回顾一下邀请式提问的步骤:

步骤1　保持关注!你好奇的是什么?欲望、抱怨,还是某方面的精神不振?

步骤2　提出你特别想问的问题。

步骤3　远离"为什么"的问题,远离带有假设、指向性或指责性的语言。

步骤4　用尽可能少的词汇陈述你的问题,把问题精练化、简单化,措辞尽量控制在6个字以内。

步骤5　关注对方的回答,回到步骤1,重复这5个步骤。

如果你还不能掌握恰到好处、邀请式提问的方法,我再教你一个我最喜欢的万能问题:"是什么让你这样做(或想)的呢?"这是一个很棒的问题,因为它给予对方足够的空间,可以包容任何回答(不会太强硬或显得自作聪明),同时鼓励对方反思自己的想法和行为。

我在罗杰·费希尔的谈判专著《谈判力》(*Getting To Yes*)中,第一次体会到这个问题的精妙之处。"你想做些什么呢?"

这个问题能让一切变得完全不同。

两个人因为一颗柠檬而争执不休。柠檬只有一颗，而他们都想要。这时，一位谈判专家出现了，他告诉那两个人，唯一公平的办法就是把柠檬一分为二，一人一半。两个人都不满意这个解决办法，但也只能接受这个唯一的办法。

于是，柠檬被一分为二，第一个人拿走她的那一半，扔掉果皮，用果肉榨了柠檬汁。第二个人扔掉果肉，用果皮做了柠檬蛋糕。

为什么说这是个经典的谈判失败案例？如果谈判者问一句"你想用柠檬做些什么呢？"那双方就都能得到各自想要的全部（第一个人得到全部的果肉，第二个人得到全部的果皮）。对第一个人来说，柠檬是美味的饮料；对第二个人来说，柠檬是一块酸甜的蛋糕。所以，别忘了，即使是最简单的情景，需求背后的故事也需要用心去发现。

你听见了他的话，但听懂了吗？

提出问题不是对话的终点。所以，除了提问，该如何创造一次真实、自由、流畅的对话呢？

在触及对对方具有重要意义的事情之前，我前面谈及的邀请式提问的 5 个步骤，可以反复使用。但最终，你还是要

与对方交流某些重要的事情,这才是了解对方内心世界的关键。那么,我们该怎么做呢?

首先,你需要改变你的目标,从提出一个精妙的问题,变成理解问题的回答,真正理解对方说的话。这涉及倾听——倾听对方所说的,并用自己的想法诠释、重构它,然后让对方检验你的理解。如果对方欣赏你的理解,那就内化它、记住它。

你的诠释一旦得到确认,就把它固化在自己心里。现在,你们彼此的内心世界终于有了直接的联系。

我将提供一些行之有效的方法,帮助你倾听和检验你的理解。

重述 重述的本质是重复对方的话。这与其说是解释,不如说是确定你真的在认真倾听,并确保你没有遗漏任何重要内容。重述很有价值,因为对方能通过你的重述,聆听和修正他自己的陈述。

重构 如果对方的表达范围狭窄而分裂,重构就是把对方的想法变得更加开放和包容。这并不是改变对方所说词语的意义,而是理解这些词语的内涵,让它们的适用范围更广阔,表达更有效。

反射 反射就是告诉对方你关注到什么。就像一面镜子摆在对方的面前。反射,可以简单到像告诉对方,你发现他和女朋友说话时很喜欢抖腿。反射的价值在于,确保在对方说话和思考所说内容时,我们可以完整无误地接收他的信息。有些信息常常被遗漏,因为可能不是对方关注的重点。反射,就是把信息回馈给对方。

总结 总结,就是汇总所有的重要信息和关键观点,从而得出对方正在表达的核心主题。总结的价值在于,帮助对方找到看似不同的观点之间的联系,并允许对方把更多不相关的想法汇入这个主题。

验证 验证,就是检验你能理解并关心对方所说的一切。验证是有价值的,因为深度对话,常常让对方感觉不确定,对方无法确定他说的是否能被理解、是否合乎情理。这些深度交流,有时会进入未知的领域,而及时的验证,就是让对方知道,他是安全的、被关心着的。

练习这些谈话技巧,可以让你的谈话伙伴有机会更正或修改你对他的话的理解。这种修正,绝不是一种失败。这是每个人在了解对方内心世界时,都需要经历的过程。

除了允许对方做出修正,观察你的理解怎样影响对方也很重要。耸肩、叹息、点头、摇头……这些微小的细节和信号，都能反映你是否正确理解对方表达的意思。从根本上说，你在寻找一种共鸣，就是对方内心世界的体验，在情感上与你产生的联系。你与对方产生共鸣的过程，就是你逐步了解对方的过程。

让我们把上述谈话技巧融合在一起试试看。

有一天，你偶遇了你的朋友扎克。扎克谈到，他的上司对他管得太严，他简直受够了！你注意到，扎克正在抱怨，这可能因为他某方面的需求没得到满足。你很好奇那是什么需求。

首先，你提出一个邀请式的问题："你老板的行为，让你感觉如何？"

扎克回答道："我觉得她一点儿都不尊重我。"

这个信息很关键。扎克没得到满足的需求是尊重。这时，你很容易做出假设，假设你已经知道什么类型的尊重对扎克很重要。你得抑制住这种假设。是的，你什么都不知道，你只知道什么样的尊重对你自己很重要，而对别人想要的尊重，你一无所知。

再抛出一个邀请式的问题吧！"那什么才是尊重呢？"

扎克回答："她应该停止啰嗦，让我自己把控我的项目。"

这有意思极了，不是吗？是时候检验并确保你对他的回答的理解是正确的。允许他纠正你的解释。然后，选择一种谈话技巧，行动起来吧！

"所以，你认为尊重是指给予你空间、相信你的判断能力，对吗？"（重构）

扎克回答："没错，就是这样！"

现在，你知道怎么继续更深入的对话了吧？比如，"多大的空间才足够呢？""要怎么做，才能让她信任你的判断能力？""在工作中，你需要做出何种改变呢？"这些对话，都可以拉近彼此的距离，让你们更加亲密。

别让冷冰冰的网络冷却了你的暖意

在结束本章讨论之前，关于对话中的问答，还有一个值得注意的要点：问答和科技手段不能总是混为一谈。为了建立良好的亲密关系，恰到好处的提问非常重要。而科技，会破坏一个完美、适当的问题。在相同的语言表达中，交流方式的选择也很重要。了解内心世界的最佳方式，就是尽可能地丰富交流层次。如果在邮件和微信之间选择，那就选能发语音的微信吧！如果在微信和视频聊天中选择，那就选能看到面部表情和肢体语言的视频聊天吧！如果在视频聊天和面对面聊天中选择，永远首选面对面聊天！

尽最大可能让交流层次丰富多元,因为不同类型的提问方式,可能带来更多不同的回应。比如,你提出"是什么让你这样做的呢?"或"那件事对你有什么重要意义呀?"有可能得到一些无声的回答。面对面交流才能发现对方长时间的停顿、小小的眼神变化,这些都说明某个问题可能触动了他。而发邮件、发短信不可能接收到这样的信息。

还有一个问题,就是通过网络或发短信提问,可能会打破沉默。沉默,是最有力的回应方式。沉默,是对方沉下心来思考的过程,是认真回答问题的一种表现。而在电子邮件、短信或视频聊天中,沉默却被认为是一种下线状态。沉默在科技的包裹下,变成了毫无用处的尴尬。

你探索他人内心世界时,选择的时间、地点、方式千万要谨慎。交流的场合是公开的还是私密的?"你室友的情况怎么样?"这确实是个恰到好处的邀请式提问,但在你哥哥的Facebook上问他这个问题,和私下发短信问,有着完全不同的内涵。你的哥哥可能会想:明明可以私下发短信,为什么要在公开的社交场合问?

人们普遍抵触这种把私人问题置于公开场合的对话。如果你提出的是某些很强硬的问题,必然遭到质疑。即使你提出的问题友善而关爱,因为场合的不合适,也会扭曲对话的初衷。一个同样的提问,比如,"你能从容应对你刚出生的孩子吗？"私下提出这个问题，表达的是你希望了解朋友是否适应新妈妈的身份。而在公开场合提问，这个问题的内涵可就不止如此了！"我想知道，你该如何从容应对你刚出生的孩子……我想让每个人都知道我的提问特别友好。"然而，消息的公众性，让你的关心变了味，在他人眼里，你的提问只是因为渴望被关注、渴望被称赞。

提问时间：自我反思

- 为了了解某人，你通常以何种方式提问？你的问题会太强硬或太温和吗？
- 你习惯用什么方式深入探索他人的内心世界？
- 你更容易注意到她脸上一闪而过的细微表情，还是更习惯于沉默，什么也不说？
- 你曾在公开场合向某人提问，后来发现，也许私下提这个问题会更恰当吗？这带来了什么影响？

挑战自我：学习实践

选择一天，和任何人交流时，每句话都不超过 6 个字。这将让你体会到语言精练之美。

亲密贴士

提问会显著地影响你对他人的了解过程,尤其是提问时运用的表达方式。同样一个问题,运用不同的表达方式,可能会得到完全不同的回答。日常生活中,很多语言表达习惯,并不能很好地帮助我们了解他人的内心世界。因此,如何巧妙地提问,是我们建立良好人际关系的一大重要课题。

因为人们的自主表达能力有限,所以请以邀请的心态提问。这不是说用各种问题来哄骗或质询对方,而是把问题当成分享情绪的邀请函。

试着在太强硬或太温和的提问中,找到恰到好处的平衡。太温和的提问,比如问题含糊不清或太温柔,容易得到不周密、不完整的答案。太强硬的提问,比如听起来很刺耳或责难性的问题,可能会让对方产生抵抗或防御情绪。

恰到好处的邀请式提问,要遵循以下步骤:

步骤1　保持关注!你好奇什么?欲望、抱怨,还是

亲密贴士

某方面的精神不振?

步骤2　提出你特别想问的问题。

步骤3　远离"为什么"的问题,远离带有假设性、指向性或指责性的语言。

步骤4　用尽可能少的词汇陈述你的问题,把问题精练化、简单化,措辞尽量缩减在6个字以内。

步骤5　关注对方的回答,回到步骤1,并重复这5个步骤。

最后,请小心用电子媒介提问。通过手机、网络提问,一个精妙的好问题也可能被扭曲。

08

倾听，让亲密在刹那间生根发芽

过去的记忆一直伴随着我们。要想摆脱它们,我们只需把那些束缚我们心灵的画面、感受、怨恨、恐惧、依赖和失望全部放手。

心理治疗师 杰克·康菲尔德

在本章,我将用三种方法,教你掌握及时了解他人的艺术。到目前为止,你已经知道什么是需求,学会了如何发掘需求背后的故事,也懂得了怎样了解对方真正关心的事情,还知道怎么提出恰到好处的精妙问题。

这些技巧,适用于人际关系发展的任何阶段,也可应用于大多数的交流和对话,能帮助我们更真诚、更深入地了解他人。

但是,我们还需掌握一个全面了解他人的关键技巧,就是了解他的过去和未来。这方面的了解对创造亲密关系至关重要。因为对过去的记忆和对未来的憧憬,正是我们如何看待当下的核心。

说说生活的这一刻

当你和某人接触不止一次之后,自然会不可避免地谈到他的过去和未来,这是人之常情,也是大多数人默认的一个交流话题。所以,我们需要懂得如何应对这类话题。

在较深入的层面,了解他的当下状况,是彼此亲密的根基之一。而他的现在离不开过去的经历和对未来的愿景。对大多数人而言,过去和未来,一直伴随着我们。你自己也对过去的生活有直观的经历和感受。

孩提时代,你有过差点儿被淹死的经历,这种经历可能让你在以后的生活中对深水充满恐惧,或者让你无数次从噩梦中惊醒,也可能让你渴望对神秘的水下世界一探究竟。你的思考方式、条件反射、习惯、空间和渴望,全都来自过去的经历。人人都是如此。

虽然我们很少有意识地去了解过去的经历如何构建我们的人生,但那些经历,在很多时候,都为我们后来的人生提供了经验和指导。比如,他过早地结婚和离婚,所以现在秉持一个观点"不要轻易承诺。不要做出保证,除非你是认真的。"

这些由过去经历得到的经验,会对我们产生极大影响,因为对于经历过的伤与痛,我们避之不及。而且,相关证据

表明,过去的经历,甚至能直接控制我们对当下状况的判断。美国记者珍妮弗·西尼尔在她的畅销书《有乐无趣》(*All Joy and No Fun*)中,用一位名叫保罗的父亲的案例,讨论了这个话题:

> "但事情就是这样,"保罗说,"我跟你打赌,如果有人问我:'列举出你孩子三岁时,你生活中方方面面的乐趣。'我肯定能滔滔不绝。5年后,如果我再被问:'你孩子三岁的时候,你的生活怎么样?'我一定答不出来。"
>
> 这段简单的对话,说明保罗已经遇到了人类学研究中的一个最大悖论:我们珍藏的记忆,和现实经验有很大不同。心理学家丹尼尔·卡尼曼为此提出了两个概念,即"经验自我"和"记忆自我"。
>
> 经验自我存在于我们的脑海,主要感受当下,至少在理论上,更有可能控制我们日常生活的选择。相反,记忆自我,是影响我们决策和规划未来的重要因素,主要负责记录和讲述故事。

换句话说,要全面了解某人,你需要了解她的经验自我和记忆自我。

未来的生活对今天的我们来说，大多是很抽象的。为了获得更多的收益，未来的我们可能会因为某一动机或目的，做我们现在并不想做的事情。生活本身就充满不确定性，但也满怀希望。我们可能为了更好的未来，而违背经验自我的选择。比如，强迫自己去健身房，即使我们很不想去。我们为了实现未来的目标，采取的行动、秉持的想法，可能会与现在有很大不同。

倾听并尊重他过去和未来的故事，是全面了解他的根本和基础。这些故事是他内心世界的核心。毫不夸张地说，正是这些故事，滋养并丰富了他的内心世界。

"超越时间的自我"是每个人都在培养的心理架构，它有着不可思议的强大力量，会极大地影响我们对经验的态度。和多数人一样，我们会在心中编写"我的故事"：告诉自己我来自哪里，我将去往何方。

在"我的故事"中，一个最有效的心理构建，就是回顾过去的痛苦，并注入意义和目的。一次毁灭性的失败，帮助你变得更强大。"因为这次失败的经历，我变成一个更好的人。""不经历那次危机，就不能成就今天的我。""任何事情的发生都是有原因的。"我们通过这些，把记忆变得有意义，于是，过去的记忆成就了现在的自我。

过去为现在的我们提供了背景和原因。我们可以比较现

在和过去的自我,看看我们是如何(以何种方式)成长的。因此,只有了解他的过去和未来,才能更好地了解现在。

你的潜在亲密伙伴可能把梦想寄希望于未来。在他眼中,未来的他,会变得更好。这个设想植根于他的内心深处,揭示了他的价值和更高层次的需求。如果他说:"我想在40岁的时候,登上珠穆朗玛峰。"

我们几乎可以肯定,冒险和成就就是他渴望的价值。如果没有这些价值观,他不会为他的目标而努力。我们该如何通过聆听对方,创造一份亲密关系呢?

10年后,你想做什么?

谈及未来的主要挑战就是很多人把"谈论未来"当成"规划未来"。规划未来可不是创造亲密关系的目标。你的目标不是让对方为未来的任何事情做准备、做承诺。你的目标是读懂她的内心世界,而不是强迫她做任何事情。

为了避免将讨论变成规划,你最好保持一种邀请的心态。

首先,保持好奇心。"你希望将来发生什么?你希望会有什么不同?未来会是什么样子的呢?"

其次,让对话氛围轻松愉悦,开放型问题(即那些不能用一个简单的"是"或"否"来回答的问题)尤其需要。开放型问题可以很好地激发我们对未来的讨论,得到更宽泛、多元化的回答。

进行有关未来或过去的讨论和交流时,你可以不用太在意提问的表达方式。

乍看之下,对方可能没有表达什么新信息,但当她谈到她的需求和价值时,其实就是在释放新信息。对方也不太可能逃避那些关于未来的话题,她脑海里根深蒂固的记忆也不太可能被你一个有关未来的提问破坏。

在你们畅想未来时,提出的开放型问题可以更有针对性,你的目的就是表达你对她说的事情的兴趣。你可以针对未来某个特定时间、特定地点或特定方面提出问题:

- 往后的 10 年里,你想做些什么?
- 你最想住在哪儿?那里是什么样的?
- 如果你有足够的钱,你想怎么花?

对方的回应值得关注,但这并不是关键。与对方陈述的内容相比,她的陈述方式更加重要。仔细倾听她说话的内容和方式,情感比内容更珍贵。

注意:她在很兴奋地描述未来吗?她很担忧过去的错误会在未来重演吗?随着年龄的增长要承担更多的责任,她对

此表示愤怒或担忧吗？正是这些讨论的基调和感觉，广泛地揭示了各种情绪（积极的、消极的、洋洋得意的、困惑的）对她生活的影响。

当一位沉默的倾听者很重要。你和表姐从小一起长大，她总是谈论照顾孩子的事，却有意不谈她10岁时的愿望。也许，是一些事让她改变了想法，却不知该从何谈起。而这就是重要信息，就是她的内心世界。

我建议你仔细倾听对方描述未来时的主题。毕竟，这是一个关于未来的故事！没有主题的故事，还算什么故事！如果你仔细听，就能比其他人更早听到他内心的声音。有可能甲的未来，一切都围绕工作；乙的未来，一切都关于旅行；丙的未来，所有的话题都围绕家庭。注意这些趋势，并运用你的总结能力，了解他人。

这些主题或者说这些趋势，就是我们了解他人的过程。如果出于某种原因，他们拒绝谈论未来，或是对未来的想法模糊不清，我建议你通过提问来检验他的反应。

换句话说，就是问：这个愿景和那个愿景，哪个在你心中占有更重要的位置？比重是怎样的？你希望未来能住在其他国家，这个梦想有多重要？是为了孩子吗？还是为了更好的精神享受？这听起来可能有些冷静客观，但把抽象的未来归为定性领域，并定量检查它们，有助于坚定对方的理想。

最后，注意观察对方在描述未来时，对梦想成真的期望程度。如果她坚信，有些事情肯定会发生，那这一定是她十分渴望实现的梦想。谈及坚定的信念和梦想，能让你更全面了解她对未来的看法。

预期和梦想的表现不同，产生的结果也不同。预期往往感觉触手可及。所以，如果他的预期最终没有满足，他可能会经历一段极度失望甚至灾难性的体验。但梦想往往具有延展性，如果在不久的将来，他的梦想没有实现，则会比较容易接受现实，并继续努力前行。

但是，梦想拥有预期没有的能量。梦想，激励我们努力做得更好，变得更好。一个梦想，可以是一生的指路明灯。大多数预期却完全被忽略。梦想和预期都很重要，但让人们有意义地活着的，是梦想。

在谈论未来时，我们该注意什么？

- 保持一种邀请的心态。
- 提出开放型问题。
- 关注对方的说话内容和说话方式。
- 关注沉默时刻。
- 倾听并抓住对方说话的主题。
- 区分预期和梦想。

读一本叫"过去"的书,了解他的前尘往事

相较于谈论未来,谈论过去显得更有难度。首要原因是,未来充满不确定性。大部分人都渴望有尊严地过完一生,会期待更加光明的未来。而过去已成事实,无法改变。往事大多带给我们成长和反省,而这伴随着痛苦。同时,有关过去的记忆,常常和个人情感难解难分,这方面的内容我们会在下一章看到。

一旦我们谈论过去,势必会引起情感的跌宕起伏。看着对方经历如此强烈的情感波动,可不是件容易的事情,不过,可别因为他的几滴眼泪而却步哦!有关过去的对话(尤其是儿时的故事),应该是最私密的话题。

通过他的过去,你能得到很多意想不到的信息,这对了解对方有用极了!正是过去的那些经历,成就了他,塑造了他。你能从中了解他的看法、了解他那些观点的本源。换言之,如果你了解他看待世界的视角,也就能更好地读懂他。

当然,一个人的视角会随时间改变。但至少,童年的生活经历,让我们在观察世界时学会了筛选,成年后的生活也会受到影响。我们脑海中的筛选器,影响我们对当下事物的理解。理解对方脑海中的筛选器,可以让我们非常准确地预测,他会如何看待生活中正在发生的事情。这种基于对方视角的预测，并非一种凭空的假设，而是一种真实有效地了解他的方式。

所以，你要用什么方法来谈论过去？

首先，当他自然而然地谈到过去的事情时，你要积极参与讨论。当他敞开心扉，向你诉说时，表现出对他的故事的强烈好奇心和兴趣。他可能不确定，你是否真的想听那些跟你没什么直接联系的事情，所以你要鼓励他，并保持一种邀请心态，适时提出恰到好处的邀请式问题。

请注意，你要做的是更多了解他的观点，而不是试图找出他与你的童年是否有相似之处。尽量不要让每一个他与父母的故事触发你对你父母的情感。如果你们的故事有相似之处，讨论一会儿也无妨，但尽量不要让谈话的中心转移到你身上。

其次，对他的故事保持兴趣，但不要把这些故事带入你自己的经历。你可以想象，他过去的故事就像一本小说或一部电影。如果你正在观看一部有趣的电影，脑海中会浮现什么疑问呢？

- 主角是谁？
- 故事的背景是什么？
- 谁和谁发生了争执？
- 主角的动机是什么？

- 他们从失败中学到什么？
- 每个角色的表演有什么奇特之处？为什么？

再次，注意对方讲故事的方式。她的情绪如何？如果这个故事是一部电影，电影的主题色是黑白还是彩色的？故事的时间轴是连贯的还是跳跃的？故事的结局是主角克服重重障碍，取得最后胜利，还是悲惨地以失败告终？

当他自然地谈到过去的故事时，最简单、最常见的方式，就是通过参与讨论来了解他的过去。

但有两种情况，需要你付出额外的努力。第一种情况是，他一遍又一遍重复同样的故事；第二种情况是，他从不讲述任何一个关于他过去的故事。

出现第一种情况时，很可能表明他向你传达的是他生活中的一个重要事件，而他还没有完全处理好它。人们很少不断重复一件事情，除非这件事另有隐情。

这与欲望无关。这不像你的朋友或家人想买一辆新车或一双鞋，他是想要一遍遍重复他的某个故事。这种情况值得深思，是一个可以让你充分利用所学到的话术和工具，深入了解对方的大好机会！你可能会发现，在那个不断复述的故事背后，有着不为人知的需求和价值。

出现这种情况时，你可以根据他的故事提出诸多精妙的问题，比如，"这个故事究竟是什么意思呢？""这个故事对你意味着什么？""这个故事带给你什么？"这些将帮助他抽离出故事本身。

出现第二种情况时，你需要注意，很多时候那些不说的事情也有重要意义。这意味着，当谈到他的青少年时代时，选择性遗忘往往能给他带来更多的安全感。

他不主动说，你可以主动发问。但切记，为了避免对方逃避或拒绝，话题不要太强硬。千万不要把探索对方的内心世界，变成一场内心的挣扎与斗争。

就从你注意到的地方展开沟通（这是关爱的技巧）。比如，"我注意到你从不提你的父母，发生什么了吗？"一个简单的观察，加上包容的邀请式分享，可能正是他需要的。

如果你感到交流的阻力巨大，但又很想与这个人创造亲密。你最需要做的就是继续展现了解和关爱，仔细的观察和合适的提问，都行得通。随着时间的推移，你们之间会建立起越来越多的信任，他将越有可能和你分享他的故事。

如果他敞开心扉，释放情感，你一定要陪伴左右。就让他发泄愤怒、释放悲伤吧。然后回到沟通的最简单状态："我就在这里，与你在一起，陪着你。你想说都可以。请畅所欲言。"事后，他会记住，你曾经的守候。

谈论过去时，我们该注意什么呢？

- 保持一种邀请的心态。
- 当对方自然而然谈到过去的故事时,你要积极参与讨论。
- 期待不同的情绪。不要阻止它们,这是交流的一部分。
- 把对方过去的故事想成一本书或一部电影,然后展开提问。
- 学会预测,而不是假设!

听你说,也要听我说

结束本章之前,还有最后一点重要内容,我们谈及过去或未来时,都与它有直接关联。那就是互惠。

我们在第4章中已经谈到互惠。互惠能力,就是分享彼此的时间,主动地、相互地、有来有往地。换言之,有时让对方成为关注的重点,有时让自己成为关注的中心。就像一束光,将你们彼此的心照亮。

到目前为止,我们学习的技巧和话术,都是为了让他人成为分享的中心、谈话的主角、交流的重点,包括:

- 把你的预设放一边,让对方畅所欲言。

- 允许他欲望背后的故事与你的有所不同。
- 探寻他的需求和价值。
- 不要因为彼此的相似性而变得亲密。

但是，当对话的主角变成你时，你就变成了问题的回答方。你必须接受对方对你的了解或者说是调查。你要充分发挥自己的能力去回答各类问题，就像你对对方的期待一样。某些情况下，你需要分享你的故事，让对方倾听。亲密，也需要让对方进入你的内心世界。

显而易见，我们都必须表露自己的内心世界，才能让对方进入。而很多人际关系的发展，就是在这一点上被阻断的。因为，在一次谈话中，两个人可以都是问题的焦点，但不一定同时是问题的焦点。

我们可以把互惠看成一场你来我往的网球比赛。球只有一个，是两位选手关注的焦点。你积极参与比赛，当球落到你这边时，你把它击回去。你不会有任何压力或失落，因为你信任对方，她会把球再打回来。这是一个相互信任和彼此理解的游戏。如果双方在同一时间击球，那绝对是荒谬而不可思议的！读到此处，相信你已经掌握很多谈话技巧，学会如何让对方更好地表达自己（让对方击球）。但是，轮到你击球时，你知道该怎么做吗？

关键是不要让球偏离方向。把你对对方的期望用在自己身上：自省，自我表达，深度对话。在后面的章节，我还会教你如何更好地探寻自己的内心世界（这是建立亲密的关键）。现在，你只需要花时间，把你自己的内心世界照亮。

最后，你最好不要把互惠与反应混淆。有时，对方说的一些事情不可避免地会影响到你，让你难过、伤心、沮丧、生气。抑制冲动反应对每个人来说都是挑战，但你应该试试。过激的反应，实际上是在侵占对方分享的时刻，这是错误的。

我曾为一对 30 岁左右的年轻情侣做心理辅导。爱娃和内森相识于大学，已经交往四年了。过去一年里，他们同居了，一切进展顺利。谈话期间，他俩时常开怀大笑，表现出对彼此深厚的感情。

他们来找我，是希望我促成一次憧憬未来的有意义的对话——就像我们在前面讨论的一样。他们对自己的工作不满意，也没有做好结婚的准备。尽管他们彼此相爱，但对未来充满顾虑和担忧。我问内森，他对未来有何设想。他说可能会去读研究生，学习他喜欢的新闻专业。他列举了最想读的学校：哥伦比亚大学、西北大学、美国大学。他说这些时充满激情，对未来的方向充满兴奋。

同时，我也在观察爱娃的反应。她静静地聆听，眼神呆滞。尽管内森已经把自己的梦想说给爱娃听了，但当内森和她发生肢体触碰时,她只是静静地看着他,眼里没有一丝笑意。事实显而易见,内森心目中的理想学校,都与他们现在居住的地方非常遥远。对爱娃、对这对情侣来说,将会发生什么呢?

内森叙述着自己的理想,爱娃却体验着不同的感受。她感到恐惧,甚至恐慌——她害怕内森离开。她也感觉到悲伤,也许还有点反感和排斥。她感觉自己的爱情受到威胁。

内森滔滔不绝时,爱娃没有阻止他,虽然感觉有些不快乐,但没有表达出来。因为他俩都明白互惠原则,内森兴奋地描述自己的梦想,爱娃不忍心打断。内森说完,应该轮到爱娃了。

"你在那边会过得怎么样?"内森问道。

"我很好,只是有些担心。"爱娃回答。

接着,我们花了一些时间,了解爱娃对内森未来设想的感受,也让爱娃述说了自己对未来的看法。

这种沟通交流的方式如此简洁,几乎没有任何技巧可言。但这对情侣却不知该如何处理。因为害怕爱娃的反应,内森可能没有说出自己的全部需求(或者修饰了自己的需求)。如果爱娃因为悲伤和恐惧而打断内森,内森可能会感觉内疚,甚至感觉梦想被贬低。也或者,内森根本没有发现爱娃心中的痛苦,只是一味地谈论他的梦想,冗长而又沉闷。

可以明确的是,爱娃并不否认她的不快,那是她真实的感受——她很正确地表达了自己的感受。她只是在等待,等

内森说完。因为她明白,打断对话没有实质作用。打断内森的谈话或许会带来一时的舒适,但并不能得到她想要的:与内森的亲密。

为了获得更多亲密,爱娃与内森聊天时,会给他足够的兴奋。她的善解人意,让内森感觉被理解,可以自由倾诉。爱娃希望这份被聆听、被理解的感觉,也能传递给自己,在自己表达内心感受时,内森能懂得自己的伤心和担忧。爱娃害怕,如果自己剥夺了内森兴奋表达的机会,内森就会不情愿进入以她为中心的对话。双方不能完全倾诉和理解,就只会越来越疏远,亲密关系也更加难以维系。

提问时间:自我反思

- 向他人讲述你的生活时,你会避开有关过去的部分,还是未来的部分?
- 你发现身边的朋友、家人,是更喜欢回忆过去,还是畅想未来?你更喜欢哪一个?
- 在生活中,有没有因为某个人的故事,而想深入了解她?你参与了她的故事吗?

挑战自我:学习实践

从你喜欢的书籍或电影中选定一个角色。写下你想问他的 10 个问题,借此了解他的过去和未来。为这个角色设定特定的问题,对你想了解到的内容有针对性地提问,有助于提出更多个性化、针对性的问题,而非一般的大众化问题。

亲密贴士

了解他的过去和未来,对建立亲密关系至关重要。因为我们对过去的记忆和未来的憧憬,正是我们看待当下的核心。

过去的记忆给我们教训和痛苦。未来的憧憬激励我们创造更好的人生。

了解她的过去,才能真正了解她这个人。过去的经历成就了她,塑造了她。你能从中了解她的看法,了解她观点的本源。换言之,如果你了解她看待世界的视角,也就能更好地读懂她。

互惠,就是分享彼此的时间,主动地、相互地、有来有往地。换言之,有时让他人成为关注的焦点,有时也让自己成为关注的中心。两个人在对话的不同时刻,都是关注的焦点,但并不意味着他们同时都是关注的焦点。互惠,就像一场你来我往的网球比赛。

互惠不等于反应。简单对对方叙述的内容作出反应,可能让对方认为你剥夺了她表达的机会,这只会让彼此越来越疏远,亲密关系也更加难以维系。

09

练就"特异功能":
读懂你的心

不要评判或害怕那些痛苦的感觉,它们只是在提醒你,你的信念已经开始偏离自己真实的样子。

《轻疗愈2:敲敲瘦》作者　杰茜卡·奥特纳

　　我在创业公司做绩效营销时,因为会"读心术"而被公司上下熟知。请注意,我不是巫师,也没有法术。但坦白地说,有一件事我很擅长,而且我认为每个人都可以做到,那就是:阅读空间。

　　所谓阅读空间,就是能感知在特定人群中正在发生的事情。这是一种后设认知,一种当人们聚在一起时,可以捕捉到别人弦外之音的能力。它可以运用于情感领域,是一种奇妙的感觉。

　　在与其他团队一起参加每周例会时,我因为这种能力出了名。在那家公司,来自不同团队的我们会定期碰面沟通,以确保工作协调一致。例会常常枯燥无味,无非是:我正在做什么，我计划做什么。几乎没有任何乐趣可言。

但会议之后，我就能够知道这个人为何会对那个人不满，某人可能会在不久后离职，某人家中可能遇到困难等。

"你是怎么知道的？"老板问我。

"我说不清楚。我觉得这些都是显而易见的事情。"

真相是，之所以知道这些，是因为我能快速捕捉微妙的情感信号。我能感知他人的情感，并把这些情感与某些特定的情绪准确连接。换句话说，我能与他们产生共鸣，能设身处地地体验别人的情感。我的同事惊讶于我的这种能力，我也为他们不能做到这个而惊讶，我以为每个人都能感受别人的情感。

自从我成为一名人际关系培训师，我知道，如果彼此不能自然而然地产生共鸣，那麻烦就出现了。开心的是，我了解到，这并非不可完成的挑战。就算你不能自然而然地感知他人的情感，也完全可以通过学习来做到。本章将为您提供一个简单的框架。

为什么你应该学会与别人的情感产生共鸣？因为这是关爱他人时必须具备的能力。当你已经了解她，并进一步关爱她时，感受她的情感就是你关爱的第一步。当你注意到同事脸上几乎难以察觉的眉头紧锁，意识到她的悲伤时，就是你关心她的幸福的第一信号。你为爸爸秘密准备了生日派对，

看到他脸上的惊喜表情,并回之以微笑,这就是关爱。

情感是了解他人内心世界的一扇门,通过了解他人的内心世界,可以让对方的内心世界保持安全、健康,并充满活力。让我们接着学习情感如何使你们更亲密,更远离孤独吧!

别让负面情绪绑架了理智

情感是关爱的核心,也是亲密的关键。如果你只是在理性层面知道应该接近他、关爱他,却不付出行动,用心感受他的情感,那你想要的亲密也只是美好的幻想。如果缺乏真正的感情,创造亲密关系就是难上加难。没有感情的纯粹理性关系,当然有其在世界上的地位,但当它们作为现实关系出现在你们之间时,就意味着亲密关系的结束。纯粹的理性关系本身并没有结束,但与亲密体验再无关联。所以,我们将亲密称为"情感接近"是有原因的。

更明确地说,情感就是让一段关系有血有肉、真实可感。如果你相信别人关心你的幸福,不是因为他认为应该这么做,而是因为他打心底里关心你的幸福,你就不会质疑这种源于关爱的亲密。它会让你感觉真诚、自然、真实。

这是显而易见的。但也许你想知道:为什么共鸣对真实世界的关爱和亲密如此重要?答案很简单。你先回忆一下什么是亲密：亲密，就是直抵他人内心世界的体验。当你对她的情感共通时，你就进入了她的情感世界。你进入她的脑海，触摸、阅读、体验她情感世界里的每一处风景。

换一种说法，当你们产生了共鸣，你了解的就不仅仅是她的需求、价值观和故事，你还能感受到她对需求有多么渴望，你会为她实现了价值而激动不已，也会为她的童年故事悲伤流涕。你不仅了解事实，还能感受到那些事实的重要性。

无论你多么客观地了解她，不进入她的情感世界，亲密都不可能实现。这就像有歌词却没有旋律，阅读歌词你会知道这首歌在讲什么，但永远无法体会歌声的优美。你了解她，但不懂得关心她。你可能得到她，却不懂得爱护她。真正关爱一个人，你必须感受她的情感。

在我们学习真切感知对方情感的方法之前，先看看人际关系混乱的缺点。

虽然共鸣对促进亲密关系必不可少，但并不是任何一种感知他人情感的情况，都能带来亲密。共鸣不是万无一失的。举个例子，如果你感觉到她对你失望，你可能会反应强烈并选择离开她。如果你感觉他对你不感兴趣，你可能会撤离后退。如果你挑起他的愤怒，让他感觉受到威胁，可能会引发争执。换句话说，共鸣可以拉近彼此，但如果管理不善，它也可能使彼此疏远。

共鸣，按照我们通常的理解，它可能比较任性。你也许已经发现了，有时候你会感觉到，感知对方的情感创造的是距离而不是亲密，这是很难控制的。因为从科学的角度来看，我们有两个独立的大脑：思维大脑和感觉大脑。思维大脑主要在大脑皮层，感觉大脑则是大脑边缘系统的杏仁核。通常情况下，思维大脑和感觉大脑会保持高度同步。但是，一旦发生剧烈的情绪波动，情况就不一样了。

当你受到威胁时，感觉大脑会被唤醒。它可以（并且能）完全接管思维大脑。丹尼尔·戈尔曼在他创始性论著《情商》（*Emotional Intelligence*）中，将这描述为"边缘绑架"："数据显示，在高度情绪化的时候，大脑边缘系统的中心会将这视为紧急情况，除了感觉大脑，其他部分全部瘫痪、无法工作。绑架在瞬间发生，这种即刻的关键反应，在思维大脑启动之前就发生了。而思维大脑本来有机会瞥见事情的全部，可它什么都没做。"

这意味着，在你摆脱孤独、创造亲密关系的旅途中，感知他人的情感是很有成效的。但当对方的情感（愤怒、憎恶、悲伤）触发了你强烈的负面情绪时，情况就比较糟糕了。这时，你的大脑出现边缘绑架，会变得极其不理性，你说的、做的最终都只会让彼此疏远，而不是亲密。

幸运的是，我们可以克服这个生理现实，并利用共鸣创造更多正面的结果。我提供的解决方案是"故意共鸣",也就是说,故意放慢共鸣的过程,让你的思维和大脑协调同步。

你也许一直都把共鸣视为一个单一事件,但为了创造亲密关系,故意共鸣的过程包含了三个步骤。自觉执行该过程的每一步,会放慢你的反应速度,给你时间让自己平静下来,以便更多的信息从感觉大脑进入思维大脑。这个过程会让你在保持理性的同时,感受更深刻。具体步骤如下:

步骤1　辨识情绪

步骤2　将心比心

步骤3　传递关爱

故意共鸣能够让你顺利进入对方的情感世界。无论你发现了什么情绪,悲伤的、可怕的、失落的、难堪的,都能带来亲密,还会比单纯的感知和回应有更好的结果。接下来,让我们来具体学习故意共鸣的每一步吧!

挥拳就一定是愤怒吗?不,也可能是兴奋

故意共鸣的第一步,是辨识他人的情绪。这一步中,你要做的就是关注。正如我在本书开头提到的,关爱和关注在本质上是一回事。

大多数人的面部表情、语音语调、手势等，都是他们的情感线索。当你注意到他人身上的这些情感信号时，就为正确识别他/她的感受开了个好头。

你妈妈声音里的一丝紧张是因为压力太大，还是因为异常兴奋？你姐姐是在生气，还是集中精力？你的生意合伙人是很开心，还是想离开房间？想要通过这些情感信号，识别和感知情绪背后的内涵，可是个不小的挑战！

为了帮助你完成这项挑战，我们先来看看人类究竟有多少种情绪。一般认为，基本情绪有7种：愤怒、蔑视、厌恶、快乐、悲伤、恐惧和惊喜。新的研究表明，情绪似乎可以简单分为4类：愤怒/蔑视/厌恶、快乐、悲伤、恐惧/惊讶。简单起见，我们把情绪状态分为4种：喜、怒、哀、惧。

每一种情绪状态都有自己的特征，你熟悉它们并学会识别，然后再把捕捉到的各种情感信号归入这四类。接下来，我将分别列举4种情绪状态的典型表达方式。

喜

- 全身放松
- 面带微笑，双眼含笑
- 哈哈大笑
- 开善意的玩笑

- 精力充沛
- 频点头
- 张开双手，舒展身体
- 眼神交流（表示欣赏）

怒

- 拳头紧握
- 双唇紧抵
- 双眉紧锁
- 说话大声或强势
- 手势多且快
- 撇嘴（表达厌恶）
- 眼球转动（表达蔑视）

哀

- 泪眼朦胧或哭泣
- 双眉紧锁
- 皱眉
- 叹气
- 说话有气无力
- 完全没有精神

- 弯腰驼背、身体扭曲

惧
- 面色苍白
- 紧咬牙关、眉头紧锁
- 瞳孔放大
- 语调比平时高
- 坐立不安
- 屏住呼吸
- 挺直或紧绷身体

上述特征是识别对方情感的良好起点。此外,如果你注意到对方同时表现出多个情绪特征(比如,叹息、身体扭曲和泪眼蒙眬),就可以准确识别她的情感(悲伤)。

虽然知道每种情绪状态的特征至关重要,但如果只按字面意思理解,很可能陷入误区。举个例子,我有一位大学同学,看到人的时候,总喜欢对着空气挥舞拳头。根据情绪状态列表,握紧拳头多半意味着愤怒,对吧?

第一次看到他那样做的时候,我也这么认为。我以为他正遇到某个异常愤怒的问题。了解他之后,我才知道,他是一名拳击爱好者,对着空气挥拳跟愤怒没有任何关系。

有一次，我去拳击训练场找他，看到他整整一个小时都在不停地挥拳，兴奋快乐得像个孩子！对他来说，挥拳表达的是兴奋，而不是攻击别人。也就是说，他的这一举动，应该列入"喜悦"这一情绪状态里。我们偶遇时，他之所以挥拳，是因为他很高兴见到我。

观察和识别不同的感受时，请牢记以下三点。

第一，别把任何情绪信号孤立开来。就像我那位喜欢挥拳的朋友，他挥拳时脸上也带着笑容，不是吗？你的观察越全面，就能越准确地感知他人的情感。

第二，结合实际情况理解情绪信号。在训练场练拳击，和在办公室向老板挥舞拳头，完全不是一回事。先考虑正常情况是怎样的，然后关注那些异常之处。

第三，根据你对对方的了解，来观察和辨识情绪信号。如果从一开始我就知道我的朋友是拳击爱好者，可能就会明白，对他来说，挥拳等于好心情。对彼此的了解，能让你们更准确地感知对方的情感，进而提升关爱彼此的速度。

如果你也被别人这样厌恶，你会怎么样？

当你能准确识别对方的情绪时，就进入了第二步：将心比心，感受对方的情感。这里指的不是心理或情智上的追随，而是生理上的追随。你需要从生理上，感受对方的情感。比如，当他兴奋时,你也能得到肾上腺素带来的快感;当她压力过大,你的皮质醇水平也会激增;如果她满心欢喜,你的身体也会分泌更多多巴胺。

这是故意共鸣非常重要的一步。因为不能从生理上感知他人的情感,会导致你的身体产生自己的、独立的、截然不同的感觉。举个例子,当你的妈妈因为房子被卖掉而伤心时,你却觉得她应该忘掉这件事;你会认为,房子都被卖一年多了,她悲伤的时间已经够长了。

你可以通过步骤1,很好地识别和确认妈妈的情绪。但如果没有正确地执行步骤2,你可能会让她的悲伤变成愤怒或失望,因为你在厌恶、嫌弃她的悲伤情绪。尽管你的生气或失望也是对当下情况的一种反馈,但这种反馈只会让你和妈妈疏远。相反,如果你让自己体验她的悲伤情感,这种消极的情感体验反而会让你们更加亲近。

步骤2的重要性并非我们主观认定的,它有科学的根据。1980年,心理学教授约翰·戈特曼随机选取了数对夫妻进入实验室,并有意识地促使他们争执(为某个由来已久的问题争论不休)。戈特曼用录像机记录下吵架的全部内容,以监测他们的心理变化。然后,他让夫妻双方分别观看录像回放,同时评价另一方在争执中的感受。

研究结果表明,将心比心具有重要价值。观看视频的时候,那些将心比心、感知配偶感受的人，更能准确地识别对方的情感。他们的情绪状态与配偶一致。当他们彼此感知对方情感时，争执对双方感情的破坏程度更小。当他们不能在生理上做出这一转变时，争执会带来更多伤害。

将心比心，真正了解对方经历的一切，才能直抵她的内心世界，领悟传递关爱的最佳方式，拉近彼此的距离，从而创造亲密关系。你把自己置于对方的情感之中，就会问自己：如果我有这样的感觉，做什么能让我好受一些？做什么能宽慰我？做什么会令我感觉更糟？要回答这些疑问，需要进入故意共鸣的第三步：传递关爱。

假如是你处在悲伤中，你希望怎样被对待？

故意共鸣的第三步是，通过传递关爱回应对方的情绪和感受。除了观察、感受对方的情感，你还可以向对方传递你的关爱。在这一步，告诉她：你在乎她，关爱她的幸福。

尽管我们没有可参照的传递关爱的剧本，但有一种回应对方情感的方法可以让你们走向亲密。首先，通过将心比心，体验她的情感，设想在这种情况下何种反馈能让你感觉到关爱。例如，将心比心，感受你的母亲离开老房子时的悲伤，如果是你处于如此伤心的境地，希望得到什么关爱？希望有人紧紧握住你的手，还是不再谈论这个话题？接着，选一个

最能产生亲密感的回应方式。你无法保证她会完美回应,毕竟有些人喜欢将心比心,有些人不然。你只要保证,这是个深思熟虑的方式即可。

将心比心,然后传递关爱,这个方法很有用。这将是回应对方情感、传达关爱的主要方式。但是,让自己体验对方强烈的情感波动,其实很有挑战性。如果你想不出好的回应方式,那就记住一个简单的规则:用软弱回应软情绪,用强硬回应硬情绪。

软情绪就是那些让对方更包容,更善于接纳,更易被攻击的情绪。这在快乐和悲伤("喜"和"哀"的情绪状态)中出现较多。典型的软情绪包括快乐、遗憾、悔恨、钦佩、信任、悲伤、痛苦。硬情绪则恰恰相反,它让对方更封闭、更难以接纳、更具有攻击性。典型的硬情绪包括愤怒、恐惧、厌恶、轻蔑、嫉妒、担心("怒"和"惧"的情绪状态)。

对方出现软情绪时,她的心墙往往已经倒塌,你可以很容易进入她的内心世界。因此,陪伴左右,是打开她心门的最简单易行的方法。她的情绪变得柔软时,你做得越少反而越好。比如,当妈妈为她失去的老房子伤心时,她就正在经历一种软情绪,对她来说,最柔软最少的回应,就是最大的关爱。

相反,硬情绪,就是在心中筑起一道围墙,让其他人无法触碰。由于某种威胁而触发的愤怒和恐惧,是两种典型的防御性情绪。这些虚无缥缈、难以抑制的情绪越强烈，人们心中筑起的围墙也就越高。换言之，愤怒的人会更愤怒，担忧的人会更担忧，沉溺于嫉妒只会让人更加嫉妒。

因此，回应硬情绪的最好关爱方式，就是强硬回应对方的硬情绪。这可能令你吃惊，因为你知道，挑战他人内心世界会产生负面影响。有一点需要明确：强硬回应并不是告诉对方，她的愤怒、担忧、嫉妒都是错误的。而是说，在那些愤怒、担忧和嫉妒表面之下，还有一些更重要的东西。挑战硬情绪，能让你加深对她的了解。

如果对方出现硬情绪，提出一些恰到好处的问题同样有效。和我们探寻需求一样，"这种愤怒究竟是什么？""嫉妒让你怎么了？"勇敢面对硬情绪，能帮助她审视自己的内心世界，并告诉你她发现了什么。届时，她会更多地与你分享她的内心世界。通过挑战硬情绪来传递关爱，同样能进入对方的内心世界，增加亲密感。

如果你知道了某人生命中的许多故事，那就与他合作，增进你们对彼此内心情感世界的了解，你们会立刻亲近许多。

被屏蔽的情感信号，该如何安放

你绝对可以在阅读空间、感受他人情感方面更上一层楼。

也就是说，情绪认知是人际关系的首要技能。凭借科技手段实现情绪认识，是非常困难的。当你通过手机等媒介与他人沟通时，情感信号往往会被屏蔽。简而言之，科技会阻碍你与他人产生共鸣。

你肯定有过这样的体验。明明已经非常难过，却在网上给他发去一个笑脸，告诉他你很好。或许，当时的你想保留一份隐私、不想让网络那头的他知道你的悲伤或愤怒，但是，这难道不奇怪吗？短信中的你们亲密无间，现实中却是彼此孤独，这未免太奇怪了吧？

直觉告诉我们，这类互动方式很诡异。现在，有证据表明个人技术确实抑制了我们的情绪辨识能力。最近，加利福尼亚大学洛杉矶分校的心理学教授帕特里夏·格林菲尔德开展了一项研究，让两组由54名6年级学生组成的队伍，进行为期5天的露营。其中一组远离一切电子科技，另一组继续使用互联网电子设备。在活动开始之前和结束之后，研究者对所有学生进行评估，分析他们是否能够正确辨识他人的情绪。

结果表明，情绪认知能力的下降与科技使用频率的增加有显著关系。活动开始之前，两组孩子都不能准确辨识图片和视频中的情绪。露营5天后，他们的情绪认知能力有了不可思议的差别。第一组能更加准确地识别非语言信号和面部表情，第二组孩子的情绪认知能力则没有任何提高。

你试图接近对方时，通过媒介渠道与她互动交流，确实能获得非常多的信息。但是，了解她的情绪和感受，你才能获得最真实的信息。当然，面对面的谈话始终是最佳选择；在现实中提供的情感信息，最为珍贵和无价。

提问时间：自我反思

- 你能自如地表达情感吗？你容易捕捉到他人的情感吗？你有强烈的情感波动吗？
- 你能意识到自己释放出的情绪信号吗？比如，唉声叹气，在工作中总抖腿，这些可能在传递什么信号呢？
- 你最近感受到的硬情绪是什么？你是如何对应的？

挑战自我：学习实践

观看电影或电视，学会准确识别剧中人物的情绪，并记下你读到的面部表情、肢体语言等情绪信号。更好的方法是，观察周边朋友的动作，把他和剧中人物进行对比，验证是否传达了相同的情绪信号。

亲密贴士

你需要感知对方的情感,产生共鸣,进而走进她的情感内心世界。感知他人情感对传递关爱和建立亲密非常必要。

然而,如果你感觉对方心烦意乱,释放的情绪信号威胁、恐吓到你,你的回应可能是后撤,这会导致疏远而不是创造亲密。

故意共鸣是很好的解决方法。步骤如下:

1. **辨识情绪** 通过观察,识别对方释放的情绪信号。
2. **将心比心** 这不是心理或情智上的追随,而是生理上的追随。你需要从生理上感知对方的感受。将心比心,真正了解对方经历的一切,直抵她的内心世界,拉近彼此距离,领悟传递关爱的最佳方式,从而创造亲密关系。
3. **传递关爱** 这是回应对方情感、传达关爱的主要方式。记住一个简单规则:遇到软情绪,无需多言,陪伴左右即可。遇到硬情绪,那就挑战它吧!

10

牢记对方只是一个普通人，才能真诚交往

做一个坚强的女人对我来说很重要,但是独自完成所有事情不是坚强。

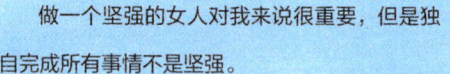

美国女歌手　瑞芭·麦肯泰尔

尽管情感是关爱的关键要素之一,但关爱可不只有感知情感哦!它也包含了智力因素,这是一种能带来持久亲密感的心智立场。这个立场就是:你的亲密伙伴,是一个完整的人。

读到此处,即便你放声大笑,我也不会怪你。因为你可能会想,"科技思维定式在我脑海里盘旋太久,我都不知道对方是真正的人了!"

你当然知道别人也是人。但我打赌,你多数时候还是忘记了。当你第14次要求丈夫把垃圾扔掉的时候;当你最好的朋友喝醉酒让你丢脸的时候;当你的哥哥神经紧张、精神焦虑的时候;当你的商业伙伴莫名沮丧的时候……你忘记了他们也是人。

你要有意识地、自始至终地记住他们只是普通人，就像记住了解和关爱一样。这是一种立场，一种心境，可以让你在任何艰难境地，保持积极心态。即使你很难记住为什么要这样做，你也必须这样做。为什么？因为你们都会因尊重彼此的人性而获益良多。保持这种程度的互相尊重的第一步，就是成为一个真正的团队。

把对方当成普通人，相当于辨识他/她的人性。人性，意味着对方和你一样，属于人类集体这个大家庭。这个极其简单的事实是一个重要的起点，因为隐含了创建亲密的最有用的资源之一：意识到对方和你很相似。

我会在下一章详细阐述这方面的内容。现在我只想说，我们都是人类大家庭中的一员，这让我们彼此依靠和信任。

传统观念坚持认为，人类比地球上的其他物种拥有更高的目标。这可以用很多不同的方式来表达：我们的智商比大多数动物都高，我们能够发明创造，而动物不能；我们可以感受到激情和共鸣；我们的想象和意识可以超越物质世界；我们有精神、有灵魂。

也就是说，成为人类就是要变得有价值。当你想起对方是人类，你就会重申她的特殊和珍贵，就像所有人的生命一样。对方并不会因为惹人厌的性格，而被赶出人类大家庭。

但人性也有另一面，我们虽然特殊而珍贵，但弱点多多。

"我只是个普通人",这等同于"我很脆弱"或"我搞砸了"。人类,意味着可能成为卓越,但也意味着注定要犯错。

当你学习如何关爱他人时,必须牢记三个关键点:她和你一样;她独特而珍贵;她也会把事情搞砸。持有这些观点,我们才能全面而真诚地关爱对方。

对人留一线,对问题不留缝

意识到潜在的亲密伙伴是普通人后,你要做的第一件事,就是把他当成一个完整的人类,把问题从人性中分离出来,对事不对人。

我是在一次商务谈判中,了解到这个概念。正如罗杰·费希尔在《谈判力》中介绍的:"处理一个实质性的问题,保持良好的工作关系,着眼于利益,而不是立场,为共同的利益和目标创造或选择方案。"

对我来说,把人和问题分开,不仅是一种谈判技巧,也是关爱的精神内核。把人和问题分开,意味着她在人际关系中出现的问题,与她的暴饮暴食、喜欢迟到或羞于表达不同,不能把问题归咎为她的缺点。

我们常常把人和问题混淆,以至于很难理解其中的差异。这种倾向比我们想象的还要普遍。看看我们是如何谈论人们的日常生活的吧：桑迪开会会迟到，所以是个不负责任的人；萨拉常常接管别人的项目，所以是个很容易被支配的人。

这样的情况一直都存在。"成年子女没有做他们这个年龄该做的事，所以他们很懒。""因为我们的艺术总监，团队错过了项目提交的截止日期。""我家每天都有人来借宿，因为我的丈夫喜欢依赖别人。"

工作中我见过不少这样的例子，但现实告诉我们，这样的谈话毫无意义。心理学方面也有相关证据证明这一论断。夫妻关系研究表明，在幸福的婚姻关系中，夫妻双方往往会把存在的问题与对方这个人区分开来，而不是假定对方"应该"如何。"越来越多的研究显示，一些关系体验，比如亲密，在很大程度上取决于双方的态度。例如，众所周知，婚姻美满的夫妻往往没有过高的期望，而消极的配偶行为，往往因为情境特征所致，而并非配偶特定的性格特征。"

那么，"把非预期行为归咎于情境特征"通常是怎样的？让我们仔细再看看之前的几个例子。

- 成年子女没有做他们这个年龄该做的事，所以他们很懒。
- 因为我们的艺术总监，团队错过了项目提交的截止日期。

- 我家每天都有人来借宿，因为我的丈夫喜欢依赖别人。

还有其他方式来表达上述这些情境吗？

- 成年子女也是人，并且我对他们在生活方面的期望是不准确的。
- 艺术总监也是人，并且在执行项目的过程中，我们无法预期所有可能发生的延期。
- 我的丈夫也是人，并且我不能占用家里所有的空间。

注意，以上陈述中都用了"并且"，而非"但是"，这表明每一个陈述的前后两部分是同时成立的。我们都是人，并且我们也会有问题和弱点。

把人和问题分开，不只是一个哲学概念，更不只是简单地成为一个富有同情心的人。你不这么做也行。当然，有非常充分实用的理由，让我们这么做。

针对上述情境，我们能利用新方法做些什么呢？它可以让我们继续与成年子女保持亲近，同时重新评估我们的预期。它可以让我们继续对艺术总监保持尊重，同时努力让工作计划表更精确。它可以让我们继续对我们的丈夫保持爱和欣赏，同时为增加个人空间做出更多的改变和努力。

把人和问题分开，就是要求我们对人宽容、对问题严格。这是一个深刻的转变。我们不必再纠结于是否应该严厉对待那些令人失望或干扰我们的人，不必再纠结该给他宽容的爱还是严厉的爱，抑或是大喊、恐吓、哄骗，我们将不再被困窘境。

对人永远保持一份爱，对待问题永远抱着消灭的决心。

把人和问题分开，要面对的一大挑战就是：注意并抵制把"他是谁"和"他做了什么事"相结合的冲动。正如我们在第二部分讨论的，除非深刻了解对方，否则鲜少知道对方做一件事情的真正原因。所以，我们该如何根据以往"他做了什么事"的经验，来正确构建"他是谁"呢？

问题真实存在。有时问题来自对方的行为，但当你把这个问题归咎于对方的性格缺陷时，你们只会越来越疏远。当你认为对方的内在自我存在问题时，关爱也会变得越来越难。

根据需要分柠檬，而不是一刀切完事

把人和问题分开，还有一个重要的好处：把问题从你们两者之间独立出来，这样你们就可以共同努力解决它。团队具有两个共生的激励措施：保持亲密，团结一致消灭问题。这让你将精力放在解决问题上，而非击败那个你想接近的人。

让我们想想，两个人会如何看待对方存在的问题，并试图合力解决一个共同问题？通常，他们会妥协。两个人各退一步，都改变一点点，放弃一些自身的东西，但也都得到了一些想要的东西。

无论你们是闺中密友、家庭成员、夫妻爱侣还是商业伙伴，都能做得更好。妥协并不是理想的方法，因为它意味着问题的解决依赖于"此消彼长"的零和游戏。如果我想得到更多，你就只能得到更少。我们有一颗柠檬，如果你想分到更多，我就只能分到更少。最终，一方成为赢家，另一方是输家。这不是关爱。我们不想让任何人成为失败者。我们的目的是减少孤独！

你还记得柠檬谈判的故事吗？双方对柠檬的需求不一样，一方需要果皮做蛋糕，另一方需要果肉做饮料。当问题出现时，分歧、争执、紧张都可能出现。因此，消灭问题的第一步，就是深度了解彼此的真正需求，通过恰到好处的提问并展开调查。

了解问题的症结，就能找到创造性的解决方法，实现双赢（而不是你得到更多，我就得到更少）。

让我们来看看乔伊和泰勒的故事。乔伊和泰勒是铁哥们，他们一起成立了一家公司，平时也住在一起。乔伊喜欢每晚邀请朋友到家里玩，不爱社交的泰勒对此颇有微词，热衷社交的乔伊则不以为然,他觉得泰勒不该管太多。

谁都不想改变,也不想讨论这个问题。当然,他们也都认为自己的处境值得同情,都对现状表示不满,只是不知该如何解决。

随着时间的推移,这一问题导致的紧张关系开始影响他们的日常工作。是时候做些什么来缓解紧张关系了。泰勒迈出了第一步,他向乔伊提出了一个非常宽泛、友善且恰到好处的问题:"你希望朋友们来家里做什么呢?"

乔伊揭示了事实的真相:与其说希望家里人多,不如说希望找到停止工作的理由。因为朋友过来,乔伊就觉得可以停止工作。他和泰勒有很多工作要做,时常熬夜。很多时候,乔伊只是需要休息,朋友们来家里能让他放松一下。

随后,泰勒反问乔伊:"为什么你不想和朋友聚会呢?"有趣的是,泰勒也表明,其实他和乔伊有同样的渴望,只是表达方式不同。回到房间,避免各种社交活动,就是他休息放松的方式。在泰勒看来,单独一个人才是休息。

现在,他们找到问题的症结了。问题不在"乔伊热衷社交"或"泰勒不爱社交"。他们都是人,有一个共同需求:远离工作,让自己休息。

了解到这一点,他们就可以想出解决方法了。我相信你也知道了,问题的解决方法绝不再是单边的"乔伊继续每晚

呼朋引伴，乔伊赢了"或"不再有乔伊的朋友光顾，泰勒赢了"。结局也可能是，乔伊不再那么频繁地邀请朋友到家里来玩，两个人同时牺牲，也同时得到。

当然，他们可以提出一个更有用的、可持续的创新方案，真正满足潜在的需求。因为只要他们共同努力，解放方案的列表肯定会更大、更广。头脑风暴，是一个不错的体验！

也许，乔伊可以选择每晚到他朋友家里，而不是在自己家里聚会。也许乔伊和泰勒达成一致：每天工作不超过 10 小时。也许他们选择分开生活，下班后各过各的夜生活。只要思维不受制约，可以有无限种解决方案。

把人和问题分开的最大好处就是：获得灵活性。这也是我最喜欢的一点。现在乔伊与泰勒可以尝试各种解决方案，直到找到最可行的一种。如果他们没有把人和问题分开，而是让一方或双方成为输家，压力也如影随形。现在，双赢的情况下，一方减少损失，一方赢得更开心，两全其美。

换句话说，如果一方赢了，一方输了，赢的一方最好坚持相信他想要什么。

因为此时会存在很大的风险。如果赢家发现当前的方法并不能解决问题，或者改变了主意，那对方之前的牺牲都徒劳无益了。这会让仇恨和埋怨开始蔓延，而这正是关爱最大的敌人。

我们无须完美无缺

我知道你在想什么：如果这个人本身有问题呢？我发誓，杰克就是如此。你身边肯定也有这样的人，他就是个讨厌鬼。当然，你不愿亲密的肯定不只杰克一个……这完全没问题。不需要强迫自己和任何不喜欢的人有过多的亲密互动。

但是，如果你为了不让自己受伤而不接近任何有问题的人，只是苦苦等待"没问题的人"，那你会长期孤独，甚至直到永远。因为人无完人，每一个你渴望亲近的人都有缺点。

弱点与问题不同。某种环境下的问题——比如，患有肠出血性综合征、被开了五张停车罚单——一旦得到解决，你的生活毫无疑问会变得更好。

弱点，通常是一个人羞于或害怕表露、渴望隐藏起来的某些方面，弱点并不总是坏处。弱点也许是一种趋势、一种偏好，和他人分享可能会带来风险，但人人都有自己的弱点，人无完人。

这么说吧，弱点可以导致问题。如果你的弱点是购物强迫症，那确实会带来问题，比如，刷爆信用卡。但弱点和问题是两码事。购物强迫症是你自己的、内部的、人性的心理斗争。购物强迫症是弱点，刷爆信用卡就是弱点带来的问题。如果你的弱点是心不在焉，这会使你忘记还车贷。心不在焉是你人性挣扎的一部分,忘记还车贷则是一个问题。

把弱点和问题割裂开来,并不能帮助人们摆脱困境。对自己的行为负责,这对创建亲密关系至关重要。这是我们在挑选亲密伙伴时,必须具备的能力。承担责任、发展亲密关系,意味着想出解决方案,解决弱点带来的问题。

对你的购物强迫症负责,就意味着想出一个计划来偿还刷爆的信用卡,并积极采取行动避免类似的事情再次发生。对你的心不在焉负责,可能意味着取消银行自动扣款。承担责任,不是将问题归咎于自己。"这都是我的问题",只能让自己满心羞愧,并不会有任何益处。而羞愧,往往导致更多的问题。

人人都有弱点。弱点是人类的本质,不完美反而让你更受欢迎。弱点不会掩盖你的长处,正如社会研究专家布琳·布朗所言:"你不完美,你与弱点抗争,但你仍然值得爱和被爱。"

当他的弱点带来问题时,你可以期望他承担责任,并确保以后不再发生。然后,试着原谅他吧!

在我看来,原谅,意味着宽恕他的弱点,而不是宽恕他带来的问题。问题仍然需要解决,但宽恕是关爱一个人内心柔软的终极形式。关爱她,需要学会宽恕和原谅,因为每个人都会犯错误。她也会有粗心大意、迷失自我的时候,人人皆是如此。宽恕就是关爱,尤其是在别人最需要的时候。

展现关爱的诸多方式中,宽恕只是其中之一。但是,关注是最简单、本质的方式，它意味着你正扮演着一个见证者的角色。

有一种说法是，冥想状态下，你和你的思想分离。但如果你不是你的思想，那你是谁？你时刻关注着思想的游走和变化。你是见证者。

在人际关系中也有这样的情况。在最亲密的关系里，你只是关注、观察和见证。她换了一个又一个工作；他的体重增增减减；他打破你最喜欢的杯子，然后给你买了两个新的。你告诉他，你在乎看到这一切的来去变化，希望继续见证他的价值和珍贵。

你悲悯和宽恕他的弱点，你见证他的胜利和失败。你用心关注，你就不再孤单。

提问时间：自我反思

- 在你的生活中，有没有某个人总是带来各种麻烦？你该如何重新建立对这个人的印象？将他/她人性化呢？
- 是否存在一场激烈的争执，看似你要输了，可最后却赢了？这个"胜利"的结果是怎样的？
- 你不想被人发现的一面是什么？你认为它是你的

弱点吗？读完本章，你会不会有不同的视角，打算重新看待这一弱点？

挑战自我：学习实践

找出一个你和朋友的问题，比如某个不同意见、僵局、歇斯底里的争执等。邀请他来一次头脑风暴，用创造性思维解决问题。切记：邀请他加入你们的团队，你俩团结起来，齐心协力解决问题。

亲密贴士

传递关爱需要秉持一种心境,即对方也是人,一个完整的普通人。把问题从人性中分离出来,对事不对人。当你学习如何关爱他人时,必须牢记三个关键点:她和你一样,她独特而珍贵,她也会把事情搞砸。持有这些观点,我们才能全面而真诚地关爱对方。

尊重对方的人性,把人和问题(她在人际关系中带来的问题)分开,对人宽容、对问题严厉。对人永远保持一份爱,对待问题永远抱着消灭的决心。

把人和问题分开,你们就能像团队一样,齐心协力解决问题。团队具有两个共生的激励措施:保持亲密,团结一致消灭问题。这能让你把精力集中在解决问题上,而非击败那个你想接近的人。

弱点与问题不同。某种环境下的问题如果能得到解决,你的生活毫无疑问会变得更好。弱点,通常是一个人羞于或害怕表露、渴望隐藏起来的某些方面,弱点并不总是坏处。弱点也许是一种趋势、一种偏好,和他人分享可能会带来风险。人人都有弱点,人无完人。原谅他人,解决问题。

11

点滴小事造就我们的独家记忆

不要看轻自己，也不要看轻别人，以至于使你和众人疏远开来。要学会重新信任别人，宽容别人，要相信人与人之间同多于异。

《爱和生活》作者　巴士卡里雅

当我和我丈夫一起筹备婚礼时，我俩做的第一件事是打开谷歌，输入所有我们能想到的、对我们爱情有独特意义的关键词。我们一起看的第一部电影是《变脸》，也许我们会在婚礼现场播放它的主题曲！我们因为一次广告活动相遇，也许婚礼的桌卡应该是一张小广告！我们都认为风笛是最有趣的乐器，也许我们应该在礼堂播放风笛音乐！

说实话，最终这些想法大部分都没有出现在婚礼上，但搜集这些信息的过程，已经给了我很棒的体验。这份婚礼清单，相当准确（隐晦）地表达了我们爱情中的每一件重要的事情。人们可以从中看到：我们互相重视、我们记得所有关于"我们的故事"，以及我们珍视的每一个瞬间、我们在一起的点点滴滴。

我们已经学习了如何关爱他人、如何感知他人情感、如何正确应对不同情感、如何把对方当成一个普通人，以及如何把人和问题分开。我们知道对方独特而珍贵，她的幸福对我很重要。

这些基本心理和心境，是我们关爱他人的起点。我们需要学习的还有更多。

要传递关爱，必须先创建人际关系。"关系"这个词的使用领域非常广泛。但谈及亲密关系，定义就很明确：一种客观存在的关系，让两个人既彼此独立，又愿意分享一切事情。亲密关系，就像婚礼清单一样，真实而具体。

为了更好地理解人际关系，我们可以把它想成一本可供分享的书。如果一段关系是一个维基百科词条（不受任何人约束，但需要很多人一起努力创建），这将是一个持续发展、不断提高、协作创新的过程。最好的结果是词条完整可靠，最坏的结果就是词条不断被修改、被编辑。

你可能已经注意到，我一直在说"创建人际关系"，而不是"进入一段人际关系"或"开始一段人际关系"。人际关系不会凭空产生，它需要你去创建、去创造。创建人际关系，你需要有所行动，就像了解和关爱一样，需要你和她持续不断地努力。

人际关系最强大的一面就是合作。克莱·舍基在他的社

会学评论著作《未来是湿的》(Here Comes Everybody)中写道:"协作生产很简单:创新无法依托于单个人,一项工程没有大众的参与,不可能实现。"

为了让双方都满意,我们需要以这种视角来诠释一段关系。创建一段人际关系和拥有一段人际关系,我们为什么要将两者区分开来?这很重要吗?是的,因为充满关爱的人际关系,存在挑战你自我认知的风险。深层次的关爱,可能意味着你关心她比关心自己更多。如果你认为自己正在用一个新的身份认知,去承担一段发生在你身上的关系,这段关系可能很快让你尴尬、不愉快。

社会科学文献支持这种说法:"如果自我和他人之间的区别模糊不清,那自我的身份可能受到威胁……施蒂林(1976)的研究表明,当我们试图创造亲密或共鸣时,区分自我和他人的能力最有可能丧失。如此看来,个人只可以容忍一定程度的能力丧失。一旦超过这个阈值,自我就会感觉与他人过于亲密。"

换句话说,当你开始把自己视为对方的潜在亲密伙伴时,反而可能想后撤。失去自我、感到威胁,"两人同心"的期待往往事与愿违。基于这一点,一方或双方可能开始抽离这段关系。这简直可以被称为最悲惨、最孤独的体验之一了。

所以,请记住:即使两个人处在一段关系中,也是彼此独立的个体。你们共同创建的是这段关系，而不是一个新的身份认同。你们共同为这份关系贴上独特的标签，可以编辑其中的关键词条，但谁都不是一份可供对方分享的文件。从这个角度来理解亲密关系，可以让你尽可能地关爱对方，而不迷失自己。

站在同一高度交往，才能走向亲密

关于人际关系作为独立个体的一个基本认知是，人际关系可以不依靠能力或知识，就把不同个体组织起来。这听起来奇怪，但事实很明显就是这样，我们把这比喻为共享文档：一篇精心制作的维基百科文章，包含的话题讨论肯定比任何单个贡献者提供的要多。

但维基百科的文章必须以某种方式组织产生。至少，文章中的每句话应该是有意义的、可以被阅读和理解的。同样，人们必须使自己适应某种组织方式，才能让人际关系建立起来，并且有意义。

创建一段长期持续、充满关爱、令人满意的人际关系，有两个基本要求：相互关联和平等相待。我们先来说说第一个。

相互关联，一般定义为能够让别人看到自己。你看到电影中的一个角色，如果他像极了你，思考或行动方式都和你很像，那他就与你相互关联。这个定义在我看来，并没什么特别之处。相互关联，听起来似乎只是随意发生，就像他说了什么你似乎也说过的话，你就与他相互关联了。

相互关联，还有一个更有用的解释，即在相互分享不同体验的过程中，从对方眼中看到你自己的人性特质。你向她分享你的生活经历，同时也接受她的生活故事。这些行为远不只是简单的交谈和聆听，还暗示着分享和接受彼此身为人类的体验："我通过你来观察自我，不是因为你的相貌、行为或想法与我相似，而是因为我们都是人类。"

相互关联，在某种意义上是分享彼此的人类体验。这是让你和她团结起来，创建人际关系的第一步。"我们都是人，我能看到你的价值，也能看到你的弱点，我们都一样。我也能从你眼中看到我的优点和不足。"你通过这种故意的行为（不是偶发行为），从对方的视角感知你自己。

为了让你们相互关联，接受对方的人类体验和观点是必要的，但要做起来非常难。令人惊讶的是，我们经常从接受对方，变为挑战对方的思想、情感、偏好和认知。尽管这些东西是无形的，但它们真实地存在于每一个人身上。

让我们回到我和我丈夫用谷歌筹备婚礼这件事吧。挑战对方的观点，就像是我抹掉婚礼清单上所有关于他的内容。

这实际上相当于我撇开对方的想法、感受、观点，然后和他谈论我和他该做什么。我想你可以看到这其中的问题。这种情况发生得越多，对方就越容易迷失，他越有可能觉得自己的身份被威胁，最终从你们的关系中抽离。

挑战对方的想法，也许会让你更"正确"，但对缓解孤独并没有任何帮助。

如果你们当中的任何一个，拥有某种特定经历或秉持某一特定观念，人际关系就会常常涉及它。如果他想在那个共享文件中写下什么，就让他那样做。如果你和他不能审查彼此所写的内容，也就不能创建一段充满关爱的和谐关系。

抛开"你"，靠近"我"，走向"我们"

众所周知，语言表达能力很重要。就像"为什么"这个词带有审问和攻击色彩一样，"你"这个词，容易把人隔离，让彼此不相关。当你开始一段谈话（或她正在做某件让你不愉快的事情），用"你"开头能让她最快停止倾听。

"你太固执了。""你快让我窒息了。""你别用那种方式和我说话。"通过"你"来构建彼此的关联是有害的，因为它是呼唤对方远离——"你"做了"我"不做的事情。如果你做了我不做的事情，不就意味着我认为你低我一等吗？此外，以

"你"作为一句话的开头,很容易把人和问题混淆在一起。

最好的方法就是把你自己的真实世界作为聊天的起点,避免将"你"和"我"割裂。从"我"出发,能更准确探讨这一情况对你的影响,因为你对自己的经验非常了解;你对"她是怎样的人"或"她需要做什么"并没有太多深刻了解。

把上述的"你"改成"我"为开头,就变成:

- 我想找到一种我俩都满意的解决方法。
- 我需要更多的个人空间。
- 我不太懂你带有这种攻击性词语的用意。

使用以"我"为开头的语句,有极大的好处。

第一大好处是,它在表达你的观点的同时,仍然保留(甚至提高)你和她的统一性。你可以为共享文档添加更多的内容,使其更完整、更丰富。毕竟,表达观点和接受对方是一切的基础。

第二大好处是,你的陈述带给对方的威胁将大大降低。你可以清晰表达自己的观点,不需要暗示对方做错了什么,或者被暗示做错了什么。

第三大好处很微妙。实际上,以"我"为开头的语句比以"你"为开头的语句,更难被对方驳斥。当对方把你当作一个普通人时，不会过多强迫你表达自己的观点，也更容易接受你。这意味着，当你放弃明争暗斗的语言游戏时，更容易获得一份恰到好处的人际关系。

信任他，把后背交给他

创建一段美妙关系的第二个重要方法是：平等相待。你可能认为你对她已经很公平了，但感觉比看起来更微妙。当你比她更了解她的生活经历时，会不自觉地产生一种优越感，也就是说，这时的你并没有平等对待她。

平等相待，需要一定的信任——相信彼此比其他任何人都更了解彼此的生活经历。信任意味着你相信对方可以更好地管理自己的生活。换句话说，信任和自主密不可分。

平等相待被广泛运用在各类成功的人际关系中。平等、信任、自主，不再限于爱情和婚姻，也是商业领域的重要指导原则。

2013 年，一家名为 Supercell 的公司被评为全球最具吸引力的游戏公司。Supercell 在 2010 年成立，被《福布斯》称为"历史上增长速度最快的游戏公司"，现在日营业收入约为 250 万美元，估值约 7.7 亿美元，旗下的游戏包括最近非常流行的《部落冲突》(*Clash of Clans*) 等。同时，公司内部高度平等的

企业组织结构，也引起了人们的广泛兴趣。

Supercell 公司 CEO 埃卡·潘纳宁称自己为"世界上最弱势的 CEO"。《福布斯》杂志这样描述 Supercell 的公司架构："顾名思义，'Supercell'（原义为超晶胞，一种物理物质。——译者注）就是由一系列独立的小团队组成的。这些小团队有自己独立的任务，包括开发新游戏或者在现有的游戏中增添新功能。

这些团队拥有完全的自主权，全权负责内部的组织结构、工作分配、侧重点，以及最终的产品结果。潘纳宁鼓励这些小团队拥有独立性，而且在团队建立之后就不再插手。这些小团队就是'细胞'(cell)，而他们组成的公司就叫'Supercell'。"

高质量的工作往往来自小团队，这些小团队里的每一位成员都对自己的工作充满热情。每款游戏都由单个小团队研发，他们都极其独立，完全控制自己的研发进度。

Supercell 的公司模式只是为了速度和热情而优化，而不是为了控制。没有人规定每个小团队要做什么，每个人都可从中获益。我认为，Supercell 公司的架构就是平等相待在现实生活中的完美运用。CEO 潘纳宁并未因其所处的位置而充满优越感。他相信，每个小团队都为集体做贡献，无论是研发、创新还是自我解决问题。

在他寻求帮助前，保留你的建议

可以肯定的是，平等是一个宽泛的概念，但有一种特定方式时常让我们无法平等对待对方，那就是提出建议或忠告。

某些时刻，你需要提出建议，比如，你是某一领域的专家，你的职业是教师或咨询顾问等。但当你们在平等相待的基础上创建一段人际关系后，提出建议反而会让彼此疏远，孤独更甚。

最好别在未经许可的情况下给你的亲密朋友、家人、伴侣或生意伙伴提出建议。因为这时的你可能带有微妙的优越感。就像"我是公司 CEO，所以比你更了解项目的情况，即使这个项目是你负责。"这种情况下，对方很可能会远离你，甚至直接被你的建议激怒。

让我们通过一个例子来看看提建议的缺点。

辛西娅结束了一天的工作，拖着疲惫的身体回到家。她想告诉丈夫帕特里克，她的老板待她如何不公。帕特里克想帮助她，于是告诉她做些什么可以改变现状。辛西娅可能会认同某些建议，但这段对话让她有种说不清的烦躁。

辛西娅烦躁的部分原因是，她没有与帕特里克充分分享自己的情感状态。她的情绪通道可能被关闭了。这很重要，但这种失败的沟通并没有结束。

帕特里克给辛西娅的建议也存在着两大问题：第一，把人和问题联系在一起——"你应该与众不同"；第二，暗示自己比她更了解情况，即使自己很少遇到类似的情况。帕特里克的建议中，第一点没有意识到对方是一个普通人，第二点没有做到平等相待。

这段对话看起来对彼此都没有坏处。毕竟，提个建议能让彼此损失什么呢？在现实中，建议本身可能不会给一段关系带来太多伤害，但当你怀着优越感，给出无用建议时，就可能对人际关系造成毁灭性伤害。

当我们感到朋友被蔑视时，也会有同样的心态。蔑视，意味着看轻或嘲笑对方的思想、价值。这是从优越感出发的极端情况。蔑视是破坏人际关系的一大因素，蔑视可能带来最消极的情绪。

提出建议还会带来很多看不见的问题。我们常常没有意识到，我们做的很多事情在不知不觉中产生距离感。如果一个朋友向你表达担忧，你的回答是"你需要做的是……""你需要意识到……""你不能只是……""如果你试过……"，这些句式都表明你正在给出建议。

可能你认为这只是在分享你的观点，但对方或许会觉得"你在多管闲事，我比你更了解自己，知道该做什么。"这可能导致她对你、对你们的对话产生抗拒。

因此，如果你想和她保持亲密，提出建议的时候最好小心谨慎。我重申一遍，建议本身并无坏处，有时还能带来绝对的帮助。那么，你知道如何给出建议吗？

如果某人向你寻求帮助的问题，属于你非常了解和在行的专业领域，从某种意义上说，你扮演的是一个咨询顾问的角色，给出相应建议无可厚非。但是，如果你是她想要亲近的对象，那么她最不希望你提供建议。这可能让你们之间的沟通完全变味。

你有机会给你真正想亲近的人提建议吗？有，只是机会比较少。只有当对方对你说"我希望你提些建议……"时，你才能给出建议。跨过这个界限，可能让你变成这段关系的设计者，就好像你在编辑属于你们的共享文档。虽然你的出发点是关心对方，但可能会因为一些不恰当的建议，搞砸了你们的关系。

说真的，如果你不确定是否应该给出建议，最好选择保留。人们都快被各种建议淹没了，少一些也无妨。你可能永远不会听到你丈夫对你说："亲爱的，我真的希望你给我更多建议。"

如果你实在忍不住想提出建议，那么，至少在提出建议之前，重申一下你的立场和出发点，重申两次再提出建议当然更好！这至少让她知道，你真的认真倾听和了解她，而不是盲目给出建议。

让自己成为他的前进方向

还有一种更好的方法来帮助对方（这是提出建议的真正目的）：建模。建模就是设置一个行为特征为范例，展示你想让对方更多（或更少）展示的内容。这就像你用一种非常优雅简洁的风格，在共享文件写下某些内容，让对方阅读它，并发出"我也想写这样的内容！"的感慨。

让我们回到辛西娅和帕特里克的故事。帕特里克相信他的妻子需要变得更加坚强自信。他不应该给辛西娅建议，不应该告诉她应该如何自信，而是切实地让自己自信起来。帕特里克可以分享自己不断奋斗、达到目标的故事。本质上，这样做也能增强这段关系的信心。

这可比单纯提建议有用多了。首先，辛西娅和帕特里克已经建立了彼此的联系，都能透过对方的视角审视自己身上的优缺点。这让他们之间的情感交流畅通无阻。一旦辛西娅发现对方身上有对自己有用的优点，她会自然地采用。最重要的是，这会让她觉得是她自己下决心变得更加自信的。

换句话说，建模比提供建议更有效，因为它更容易让对方做出你想看到的改变。此外，建模，不只是告诉她"应该做出改变"，还向她展示"如何做出改变"。建议是告知，建模是展示。

近二十年来，建模被广泛运用于不同的科学领域。在生理上，建模是人类倾向于做某事的表现。众所周知，喜欢一个人，就会倾向于模仿对方的动作，但这并不是简单的复制，甚至不是有意识的选择。

建模发生在细胞层次。负责无意识建模的细胞被称为镜像神经元。镜像神经元分布在大脑运动皮层，当对方执行与我们有关的动作时，镜像神经元就会被激活。我们的大脑会感觉自己正在执行这一动作。

换句话说，在通过镜像神经元理解他人感情的过程中，当你经历某种情绪，或者看到别人表现出这种情绪时，你脑岛中的镜像神经元就会活跃起来。当你和她经历了同样的神经生理反应，就会产生一种直接的体验式理解。这也能够解释为什么人们看到其他人打哈欠时，会被感染；当别人大笑时，会不由自主发出笑声。

正如《科学美国人》（*Scientific American*）杂志的科普文章所述："20世纪90年代，帕尔马大学的神经系统科学团队得到一个惊人发现。通过观测恒河猴大脑中个别神经元的活动，科学家们发现，在猴子做出各种不同的动作时（如抓取玩具或食物），猴脑中有一群独特的神经元，会伴随特定动作而放电。接下来，奇怪的现象发生了：当猴子看到实验员抓取食物时，它的神经元会像它自己在抓取食物一样被激活。

神经元的活动形式与猴子看到的动作有关,这是大脑对这个动作本身的真实体现,而与这个动作的执行者没什么关系。"

这对我们有什么意义呢?这意味着建模能为对方设定一个潜意识目标。他看到你实现了目标,会自然而然充满动力完成同样的事情。

建模是既不会让彼此产生距离感,又能带来改变的主要方法。这是影响对方,又不会让对方抗拒的最好方式。你既不需要挑战他的自主性,又不会显得充满优越感,你所做的一切仅仅只是在传递关爱。

不可思议的人际关系

我们都知道创建人际关系是个好主意,因为它可以在不挑战个体自我的情况下,让彼此非常亲密。人际关系的两大主要功能,是让我们彼此团结,又彼此独立。

作为单独的个体,人际关系能带来什么呢?首先,它可以在不牺牲独立性的情况下,给你带来亲密感。每个人都有其自身的需求和价值。这些需求和价值各有不同,但都值得被尊重和满足。这些不同点并不会产生威胁。换句话说,人际关系作为独立的实体,能带给你自由。人际关系,让自由和亲密共存。

人际关系能满足渴望，让彼此行动一致。你们可以不带任何压力地团结在一起，不用担心迷失自我。

大量研究表明，强迫自己融入集体并不是好主意，这可能导致个人缺乏自我界限，或是过于依赖对方。而这个时候，最好的情况可能是一方试图离开；最坏的情况，就是造成持久的心理伤害。

社会心理学家黛博拉·马申科和米歇尔·谢尔曼指出："我们认为，不愿与人亲近或感觉太过亲密，意味着对方对自己的影响（甚至要求）太过强烈、不被欢迎或者被误导……事实上，我们认为这存在一定的因果联系，即感觉太过亲密可能是因为个人的控制权受到威胁。"

换句话说，不恰当的亲密会损害个人控制权。即使你真的甘愿为一个人失去自我，也不会带来公正、平等的人际交往。平等在此情况下无法生存。一旦失去自我，个性和目标的丧失就无法避免，倍感压力的对方会选择远离你。我们应该尽可能避免这些亲密关系的阴暗面。

完美的人际关系当然存在。当你们结婚领证，结为亲密伴侣时，你们无话不谈、彼此相爱，你们保有独立人格，又共同经营一段完美的婚姻爱情。

人际关系让你们真正走到一起。如果你在工作中度过了美好的一天，你会通过这段人际关系，向彼此传递美妙的感觉。

如果你失业沮丧,你们的人际关系也会受到损伤。人际关系可能带来团结,也可能导致分崩离析。

在一段成功的人际关系中,你们会共同分享其中的喜悦;对一段失败的人际关系,你们都得承担责任。在一段成功的人际关系中,当一方成功时,另一方会感觉骄傲和自豪(而非彼此孤立带来的好胜心和嫉妒心),因为这份成功将被写入你们共同的分享文档,你们阅读它,感受它,为它高兴。

人际关系的创建是传递关爱的基础。我还是我,你还是你,但我们渴望共同创造一些东西。我们团结一致,为共同的目标而努力,那就是让我们的关系充满爱。为了一致的目标而努力、相互吸引,美妙的亲密关系触手可得。

提问时间:自我反思

- 你曾经与某人过于亲密吗?那段关系是如何开始的?又是如何结束的?
- 有没有一个人让你特别想模仿他?他/她身上的什么特质是你渴望拥有的?
- 你身边的朋友、家人,更喜欢回忆过去,还是更喜欢畅想未来?你更喜欢哪一种?
- 别人主动向你提出建议,你通常会有什么反应?

挑战自我：学习实践

如果你正处在一段人际关系中（比如，你正在谈恋爱），列出一张清单，写下这段关系里的每一个特别瞬间，就像我和我丈夫的婚礼清单一样，包括美好的回忆、打情骂俏等。这个过程能让你更好地懂得如何创建一段人际关系。

亲密贴士

亲密关系有着独特含义：在一段关系中的两个人都是彼此独立的个体。这段关系由你们共同创建，你们一起为这份关系贴上独特的标签，可以编辑其中的关键词条，但谁都不是一份可供对方分享的文件。亲密关系，既让你尽可能地关爱对方，又不迷失自己。

思考方式很重要，因为充满关爱的关系会遇到独立自主权丧失的挑战。所以，请记住：两个人在一段关系里，是彼此独立的个体。你们共同创建的是这段关系，而不是一个新的身份认同。

创建一段长期持续、充满关爱、令人满意的人际关系，有两个最基本的方向：相互关联和平等相待。相互关联是指在相互分享不同体验的过程中，从对方眼中看到你自己的人性特质。平等相待是指不持某种优越感站在高处指导对方。

为了使对方有所改变，同时不丧失自主控制权，你可以塑造自己的行为展示给她看。建模就是你设置一个行为特征的范例，展示你想让对方更多(或更少)展示的内容。建模是带来改变的主要方法。同时，它不会让你们产生距离感。

12

如春雨润物般
展现关爱

有效的道歉不是一种为自己狡辩的伎俩,更不是要去骗取别人的宽恕,你必须要有责任感,勇于自责,勇于承认过失,才能够真心地道歉。

2015年1月,一款名叫"隐身男友"(Invisible Boyfriend)的移动手机应用刚一上线,就风靡全球。我的好朋友琳赛警告我:"你肯定会讨厌它。""为什么?那是什么?"我倒要瞧瞧这款应用究竟怎么样。

"隐身男友",顾名思义,就是向现实世界证明,你正在恋爱——即使你并没有。每月只需付出25美元的服务费,就有看不见的男朋友(人工服务,而非机器人)给你发短信或者打电话,就像真正的男朋友一样。

"我超级喜欢这款应用!"我告诉琳赛。

"真的吗?"

"那当然,所有人都会爱上这样的男孩!"

事实确实如此。《华盛顿邮报》(*Washington Post*)刊登了一篇题为《我用25美元买了一个隐身男友,我想我可能恋爱了》的文章。作者凯特琳·杜威解释说,尽管她意识到"隐身男友的关键前提是,用户无论在任何情况下都不会爱上那个虚构情郎",但她承认这很难。

每天清晨,隐身男友会向用户甜蜜问好,关心她的一切,不停地传递关爱与支持,为她的幸福而狂喜,被她深深吸引。这听起来有些可笑,但有一件事不是秘密:那些女性从隐身男友那里感受到的并不是爱情,而是亲密。我们可以和任何人创建亲密关系,确实如此。

隐身男友准确无误地展现了关爱。他在每一个细微、敏感、关键的时刻,持续向"女朋友"表达真切的关爱,定时告诉她"我只是想看看你今天在做什么",无意地"从你的角度出发去思考",并嘴角流露出幸福的微笑。

我们向他人展现关爱时,通常不会想到这些细节。相反,我们认为这些是矫揉造作。奢侈的生日礼物、每年情人节的晚餐、一年一度的旅行、工作中的升职加薪……在我们眼中,似乎这些才是关爱。尽管这些应该被当成你关爱对方的重要一环,要知道阔绰的关爱棒极了(谁不喜欢这些呢?),但是,这些偶尔的感动并不会带来足够多的亲密,更无法弥补日常交往中缺失的关爱。那些细小的、微不足道的时刻,才能真

正体现无微不至的关怀。

换句话说,想要用一两个大动作来弥补过去的无作为,简直不可能。想象一下,远在他乡的亲戚每年圣诞节给你寄一个小礼物,你当然会感恩,也会珍惜这份礼物。但这能让你们亲密无间吗?我想很难。

请时时刻刻展现关爱吧,尤其是在每一次与对方相处的时候。你会说,这样做肯定很难吧?别担心,只要勤加联系,你就能自然而然地展现关爱,绝对没你想的那么困难。

要想学会展现关爱,从转变思想开始。首先,你必须放弃通过一些大动作来获得持久亲密的想法。你还得时刻存储你的关爱,以备不时之需。别再思考大动作,从小处着眼才是关键。

我想知道你的一切,让我陪你哭陪你笑

与家人、朋友、伴侣或商业伙伴交往时,创建关爱其实很简单,即参与。参与由以下两个要素组成。

在一起 无论是身体还是心灵,都和她在一起。这不是指从早到晚的短信来往,或迷失在过去的回忆里。

表达兴趣 当他试着接近你时,饶有兴趣地回应。这

是需要身心都参与的互动,能有效带来亲密感。

"在一起"和"表达兴趣",统称为"参与"。这是日常沟通与传递关爱的一般方式。如果在沟通过程中,你们彼此有参与感,那么沟通的话题或从事的活动就没那么重要了。参与,能让任何一种交往方式——无论平凡普通还是激动人心,变成一次创造亲密关系的机会。参与感,会让所有的微小行为变得富有感染力、支持力,充满善意。

当她陷入危机时,这些支持和善意同样重要。当然,危急时刻你应该不离不弃,但为了传达关爱而等待危机就有点儿愚蠢。不过,对方发生危机的时候,就是你展现关爱的大好机会。

但并不是不幸发生时才能表达关爱。当发生美好、美妙的事时,积极参与,陪伴左右,也能创造无数表达关爱、感受亲密的机会。

让我们看看日常生活中的参与行为吧!假设你想亲近的室友,邀请你观看一段有趣的小猫视频,你会怎么样?

A. 和他一起看视频,为那只搞笑的小猫大笑起来。

B. 让他自己看视频。"视频挺酷的,不过我还有事情要做。"

C.告诉他,别为了看一个无聊的视频浪费时间。

只有 A 是积极的参与反应,B 和 C 会让你的室友感到某种程度的疏远,至于程度深浅,取决于他对这类微妙拒绝的敏感度。此刻的一点退缩,随着时间的推移,会转换成很多孤独。

让我们仔细看看 B 和 C 这两种反应。尤其是 C,会让你的室友感觉被拒绝,因为你带有批评性的语气,为一个他认为有趣的事物贴上"浪费时间"的标签,很容易让人产生敌意。

B 就微妙得多。中立客观地说,B 并没有错误。但它会激起对方的排斥心理。为什么?每当你的室友想和你分享他的世界时,你表示不感兴趣,那么,他会越来越相信自己对你没有吸引力。从情感层面来说,你并不关心他。

避免这种不恰当反应的方式很简单,就是抑制冲动。所有人都在与不同程度的冲动抗争。但对一些人来说,在第一时间抑制生气或沮丧带来的冲动,是个不小的挑战。比如,你的室友没有履行诺言,没有洗昨天晚餐的盘子时,那么,你自然很难和他一起大笑着看小猫视频。

即使是你最渴望与之创造亲密关系的人,你也可能因为她做的某件事而生气或沮丧。但请记住,对事不对人的最好办法就是保持参与。在你的脑海中转换一下思维:我关爱我的室友,同时他也需要把盘子洗完。这两个状态可以同时存在。

转换思维的目的在于,你相信(事实也的确如此),哪怕你内心沮丧,如果你能通过参与,成功地传递关爱,你的室友也可能在接收到关爱之后马上去洗碗。这就好比,建模不一定比提建议更好,但一定更有效。你沮丧时仍能保持参与感,这并非更好,但它能使对方更欣赏你。

另外一种抑制参与感的方式,就是否定自己在某一时刻真的需要某物。比如说,你结束了一天的工作回到家,最让你头疼的不是脏盘子没洗,而是最好的朋友被解雇了。这时候,相比陪室友看搞笑视频大笑一番,你更想先处理朋友的事,这无可厚非。所以,你此时最应该做的事,就是让室友给你一点个人空间。

还记得人际关系的互惠理论吗?"互惠就是分享彼此的时间,主动地,相互地,有来有往地。"如果你的室友懂得这个道理,他可能会结束这段搞笑视频,真诚地沟通,让你释放自己的情绪。

我曾经为一对好朋友做过心理辅导,她们是杰茜卡和莉娜。她们因为担心彼此不再有更多的共同点,而联系到我。杰茜卡觉得自己与莉娜有距离感,担心她们做不成好朋友。

面谈时,我发现莉娜明显欠缺参与。莉娜时常发呆,两眼无神,甚至在杰茜卡表达自己的不悦情绪时也是如此。莉

娜似乎没有认真倾听,她好像心事重重。

"杰茜卡,你觉得莉娜是怎样拒绝你的?"我问道。

"好吧!比如,我上周刚找到一份超级喜欢的工作,但是莉娜一次也没有询问我工作的情况。她似乎真的完全不在乎我。"杰茜卡回答。

听到这里,莉娜的眉眼皱成一团。她说:"其实不是这样的……我当然关心你。我打心底为你高兴。只是我正在经历一些事情。"

"什么事?"杰茜卡驳斥道。

"我真的不想和你说这些……"莉娜停顿了一会儿,"我想我妈妈的病很严重了。虽然她嘴上不说,表现得像没事一样,但她的身体肯定出了问题。"

杰茜卡瞪大双眼,惊讶极了。"你为什么不告诉我这些?!"

"过去一周,你为你的新工作狂喜不已,我不想影响你的情绪。"莉娜坦白。

你知道问题的本质了吧?莉娜很担心母亲的身体健康,她需要"给自己一些时间"。但是,莉娜没有提出自己的需求(杰茜卡也没有意识到她的需求),所以她的表现让杰茜卡觉得自己不被重视。好在莉娜只是不想影响杰茜卡的情绪,并非真的不关心她。很多时候,最大的关爱就是让自己被照顾。

莉娜和杰茜卡的故事重申了参与的重要性。这种形式的参与通常被称为支持，它对亲密关系至关重要。但支持不是万能灵药，不会让一段关系转危为安，甚至在某些方面毫无用处，比如消除莉娜对母亲健康问题的担心。

支持对方的真正内涵是什么呢？

事实证明，支持由参与的水平决定。心理学家娜塔莉亚·梅塞尔主导过一项研究，要求 67 对夫妻坦白他们是否讨论过夫妻关系之外的困难问题。结果表明，只有表现出参与感和兴趣时，那些支持才能缓解压力。

换言之，支持的本质是参与。陪伴左右，才能真正做到支持、关爱与拥抱。

带着理智吵架

一件事无论好与坏，我们的目的就是参与其中。但是，当事情变得一发不可收拾时，会发生什么情况呢？如果你和她正在激烈争执，还能传递关爱吗？

答案是：当然能。但这并非易事。当你开始感到愤怒或受到攻击，很容易把关爱对方的想法抛到脑后。但是，哪怕是争执中，传递关爱也很重要。说实话，即使在你完全反对某人时，也能传递关爱。再亲密的关系，也不能避免分歧的发生。只要分歧不演变成大动干戈、辱骂、盛气凌人或恐吓，

也可以创建一段人际关系。

适当的冲突甚至可以增进感情哦!就像我们之前讨论的抱怨一样,冲突就是手指指着某物说"我关心这个"。这种情况下,手指指向的方向可以让我们的关系变得更加亲密。冲突,能给濒临绝境的关系带来积极的改变。

想要从糟糕的人际关系中解脱,你就得学会正确地争执。正确地争执,是两人都有效表达自己的观点,同时互相传递关爱的过程。为了达到目的,有一些重点需要注意。我将通过三个阶段,来一一解析这些重点。

如你所料,这不是一个接一个的流畅过程,而是在不同的阶段跳跃,从一个阶段开始,停留一段时间后,再返回来,才是最佳状态。但有一点至关重要,那就是在每一阶段的冲突中,你们都需要亲密接触。如果不接触,冲突几乎无法带来积极的改变,只会让你们之间的距离越来越远。

坦诚面对自己的硬情绪

冲突的第一阶段完全取决于你。当你开始感受到某些硬情绪(愤怒、嫉妒、沮丧、懊恼等)时,即使你一言不发,你们之间的争执和冲突也已经产生了。

如果你能主动识别并控制自己的情绪,就能在争吵开始之前,及时找到那些被硬情绪包围的柔软的部分。还记得我们之前讨论的感知情感吗？没错，就是挑战你的硬情绪。问问自己，"我到底为什么生气（沮丧、懊恼……）"，如果你能在恶语中伤对方之前，挖掘出其中的软情绪，很多时候就能避免冲突。

当然，我们都是普通人。对大多数人来说，争执发生之前就化解冲突实在是充满挑战。因此，第一阶段的要点是从你自身开始。我相信只要多加练习，每个人都能做到。

让你的观点直截了当。究竟是当下环境下的哪一特定部分让你感到困扰？当你心烦意乱时，别把问题过多地怪罪到他人身上。但如果发脾气之前，能明白了解自己生气的原因，你会因此得到更多更好的答案。同时，你也会更多吐露与此相关的事情。你可以不知道你全部的感受，也可以不知道你到底想表达什么，但彼此总能了解到一些重要的东西。

在冲突的第一阶段，也需要让你在生理上直截了当。当你和你关心的人发生冲突时，你的感觉大脑很可能被唤醒，甚至完全接管思维大脑，陷入头脑的边缘绑架。当你感觉受到威胁时，大脑边缘系统的中心会将这视为紧急情况，除了感觉大脑外，其他部分全部瘫痪而无法工作。这会使我们缺乏理性的思考。所以，别因为一时冲动，不加思考地陷入无谓的冲突。

第一阶段是最理想的起点。但是，如果是对方挑起冲突，你甚至来不及直接表达自己的观点呢？如果她直接跳过第一

阶段，开始对你恶语攻击呢？

这对任何人来说，都不是愉快的体验。在这一刻，心理上的自我安慰尤其重要。先试着安抚自己，要知道此刻的敌对态度，不意味着你们的争执已经失控。不要因为对方恶劣的态度，而不去尝试运用正确的方式争执。要相信，冲突可以停止，关系也可以修补。

所以，即使受到攻击，你也要努力让自己冷静下来，理性思考。你只要用心思考，就能帮助对方顺利度过第一阶段，帮她理清自己的感觉，找出使她心烦意乱的具体原因。运用你所了解到的，结合探究话术，提醒她从自身开始，找出问题的症结。

这一刻对她的帮助不仅是一个善举，对你自己也绝对有好处。如果你帮助她度过第一阶段，下一次她就可能自己做到。帮助她，对改善你们之间的关系极为有益。

宽恕他人的人性，也捍卫自己的人性！

在冲突的第二阶段，你们需要相互交流惹怒彼此的原因。这一阶段没有剧本，没有规定必须说什么或者做什么。在激烈的争执中，大多数人很难清楚地沟通。

我发现，在这一阶段，牢记"对方也是个普通人"，能帮助你在冲突的路上及时刹车。人性化地看待对方，用软情绪对待对方，有助于你把问题和这个人本身区分开来。这会让你更容易清楚地谈论问题，并着手解决问题。

记住所有我们已经学习的，能带来亲密的表达方式。当你发现自己正在质询对方（问"为什么"）时，马上调整自己的问题。当对方正在表达时，运用第二部分中的关于了解的技巧（重申、重构等）。把精力集中在理解对方的观点上，你就不会因为对方这个人本身而有更多怨气。

当你发表观点的时候，记得向对方说明这些观点都是从你自身角度出发的，千万不要试图把"真相"告诉对方。对方是当事人，你不会比当事人知道更多的真相。无论是你还是对方，都用"我"开头的语句，就能让彼此认真倾听，从而化解冲突。

在第二阶段，你要注意感知对方的情绪变化，学会引起共鸣。尤其是注意软情绪，这些软情绪可以让你们停止争执。当你感觉到对方的软情绪时，充分了解对方的想法，表达令对方满意的观点，就可以平稳度过第二阶段。

离开第二阶段之前，我需要明确一件事。你对对方心软，并不意味着你应该软弱（比如，示弱或者顺从对方）。让对方听到你的观点，承认你的情绪，对一段长期、健康的关系至关重要。你和对方的需求、价值观、情感和思想都一样重要。不要为了应付冲突而掩盖或否认这些。

心理学家丹·怀尔在他的《冲突之后》(After the Fight)一书中,很好地抓住了一个关键点,那就是承认在冲突过程中的感受非常重要。在书中,他详细列举了因为没有意识到自己有权感知情感而带来的一系列问题:

> 我们感到悲伤,但我们认为自己不应该感到悲伤(我们觉得自己没资格悲伤)。我们告诉自己:"悲伤没有帮助。我不应该让这些事情影响我做事的方式。我应该看到积极的一面。无论如何,这一切都应该结束了。"
>
> 我们感到愤怒,但我们认为自己不应该感到愤怒(我们觉得自己没资格愤怒)。因为我们觉得我们有足够的理由压抑心中的怒火。如果我们在第一时间直接表达了愤怒,就不会在之后做出更可怕、更挑衅的事情来发泄愤怒。感觉自己无权表达情感,会产生很严重的问题。

丹·怀尔的话虽然可能让人感觉不舒服,却是事实。只有不否认自己的情绪,直截了当地表达悲伤或愤怒,才能拉近彼此距离。所以,勇敢地表达自己的想法吧!宽恕对方的人性,也捍卫自己的人性!

从"我"变成"我们",寻找共识

在冲突的第三阶段,你要学会从冲突中总结经验教训。这需要转变交流措辞,从"我"变成"我们"。这时,把双方的关系当成独立的实体,团结一致,共同站在"我们"的立场。

一旦双方都站在"我们"的立场思考问题,自然就会搜索有助于我们达成一致的观点。双方的言语中,有什么共同点呢?无论冲突多么激烈,总有一些共识。这些共识就是进入第三阶段的起点。

不要以为"如果我们在某些事上达成共识,那这些事就不属于我们争执的部分"。冲突不仅仅是针对无法达成共识的事情,还包括所有的重点。换句话说,在第二阶段说的一切,都属于冲突的一部分。任何冲突都存在有争议和无争议的部分。那些争议较少的一部分也是解决问题的一部分。

现在,让我们来结束冲突,化解矛盾吧!这包括两个方面。第一方面是解决问题。还记得前面学过的吗?一旦看到问题的症结,就可以组成一个团队来共同解决它。在第三阶段也这么做吧!发挥你们的创造性思维吧,利用头脑风暴或其他方式,共同消灭问题!第二方面,也是较难理解的一方面:可以在今后持续谈论这个问题。实际上,大多数问题没有简单的解决方案,即使你们通过头脑风暴,找到了完美的解决方案,但执行起来可能需要花费一些时间。你们可能需要持

续讨论问题并找出解决办法,毕竟谁也不希望这些问题在未来再次引发冲突。

你可能听过,因为相同的问题而一次又一次发生冲突,是个不好的预兆。如果你发现自己处在这种情况下,可能是因为你从未执行上述的第二方面。

冲突和争执结束时,让彼此冷静下来,可以很好地缓解压力。你可以给伴侣或家人一次身体上的亲密接触,比如,相依偎、拥抱、牵手。你也可以用轻松幽默的方式,让你的商业伙伴放松身心。

这是一个从开始至结束的模拟状态,模拟了一个完整的、理想的冲突过程。这也是一种可以传递关爱的正确的、化解冲突的方式。

不走心的道歉:"如果我伤害了你,对不起"

冲突过程中,一个特别值得关注的方面是道歉。一旦出现冲突,道歉是让激烈情绪降温的最快方法。道歉也是创造亲密的绝妙法则。

从本质上说,道歉意味着你愿意为惹怒对方或升级冲突承担部分责任。虽然你不是为整件事道歉(因为一个巴掌拍不响,永远没有单方面的错误,两方都有责任),但承认自己至少做错了一件事情或犯了一个错误，就能有效化解冲突。道歉也能立即促使对方（如果她与你相互关联，能从你的角度审视她自己）想到她可能也需要道歉。

所以，怎么道歉比较好呢？让我们从很多人难以开口的"对不起"开始。当然，你可以不用这句话道歉，但你应该如此。"对不起"有时可以是一个虚假的道歉。但真诚地说"对不起"（不是讽刺或轻蔑地），是让对方了解你歉意的唯一方式。当对方确定你真的在道歉时，她就很难再有过激情绪。

一旦你说出"对不起"，就需要具体说明你为什么而道歉。少了这一点，你出于善意的道歉很可能分崩离析。具体说明很重要，但千万注意，别用"如果"这个词。

"如果我伤害了你的感情，对不起"，这句话虽然简单朴素，但不是真正的道歉。"如果你感到痛苦，对不起""如果你误解了我说的话，对不起"。把"如果"放进道歉中，就是否定你愿意在第一时间为这件事承担部分责任。"如果"的假设，把过错和责任归咎于对方。"如果你感觉不好，对不起。"看到这句话中，有一个很明显的"你"了吗？有效的道歉，应该以"对不起，我……"或"我很抱歉……"为开头，陈述你因为没完成某事而导致现在的状况，这才是在具体表明你愿意为此负责。把"如果你感到痛苦，对不起"变成"对不起，我没有回你电话，我知道那伤了你的心"，或者"我很抱歉没

让你说话,我知道现在说这些已经晚了。"如果你口才不好,说不出太多宽慰人的话,那就简单地说:"对不起,我让你伤心了。"真诚地说出这句话,有可能在瞬间平息一场冲突。更不用说,这是最简单和最强大的关爱方式。

提问时间:自我反思

- 哪种方式能提高参与度?怎样让彼此更好融入?
- 你需要对方给自己一点时间时,通常会怎么做?主动提出还是缄默不语,或是激烈争执?
- 你曾经在一段关系中为某件错事承担责任吗?你希望为此道歉吗?(当然,别用"如果"句式)

挑战自我:学习实践

当无法与某人达成共识,冲突一触即发时,认真来一场"正确的冲突"。尽量执行正确冲突的三个阶段,同时帮助对方经历这些阶段。用心发现正确冲突带来的改变,注意你在执行哪一阶段时难度最大。

亲密贴士

要想学会展现关爱，先从转变思想开始。必须放弃通过一些大动作获得持久亲密的想法。别再思考大动作，从小处着眼才是关键。在日常生活的细微之中展现关爱，在沟通与交流中表达关爱。

关怀离不开参与。参与感由以下两个要素组成：

1. 在一起　无论是身体还是心灵，都和她在一起。这不是指从早到晚的短信来往，或迷失在过去的回忆里。
2. 表达兴趣　当他试着接近你时，饶有兴趣地回应。这是需要身心都参与的互动，能有效带来亲密感。

冲突一触即发时，学会"正确的冲突"。不会产生距离感的冲突有几个关键点。我们将其分为3个理想阶段：

1. 从自身开始，直截了当地表达观点。
2. 交流彼此的观点和想法。

亲密贴士

3. 从表达各自的想法,转变为团结一致,解决共同的问题。

除了解决当下的问题,"可以在今后持续谈论这个问题"也很重要。这能让你们不再为相同的问题而一再发生冲突。

13

珍惜一起的日子，
留下共同的回忆

没有小确幸的人生，只不过是干巴巴的沙漠罢了。

日本畅销作家　村上春树

你有没有注意到，一旦你得到了一直想要的东西，那种拥有它的强烈快感似乎难以持续：一旦住进了梦想的房子，你就想重新装修它；一旦重新装修了它，你就想要买新家具。一旦你得到了渴望已久的东西，渴望也会跟着消失。

美国公共电视台的纪录片《情感生活》（*This Emotional Life*），将这一现象称为"享乐适应"："我们倾向于快速适应不断变化的环境。例如，中彩票的人通常会发现，自己中彩票之前和之后的幸福程度处在同一层次。"

但是，该纪录片指出："亲密关系可能是一个例外。与可见的实物相比，我们可能会继续渴望更多的亲密关系。我们获得了亲密，也能从中得到更多积极情绪。"

事实证明，对彼此的了解和关爱永远不会过时，对远离孤单的渴望也始终如一。亲密关系，是人一辈子都渴望和追求的福祉。

所以，当周遭发生变化时，我们究竟该如何延续一段亲密关系呢？仅仅是因为观点不一致、产生小矛盾，就要让我们彼此疏远吗？我们有可能通过某种策略，维系长期的亲密关系吗？

当然能！我把它叫作"创建亲密的文化"。亲密文化，就像亲密本身，由你和她共同积极创造。它让亲密关系在相互理解的基础上不断生长。这种文化会渗透到你们的关系中，时刻提醒你们了解对方、关爱对方。亲密文化，让你们的关系更稳固、更长久。

从长远来说，亲密文化也能简化了解和关爱彼此的过程。它从根本上促使你们了解和关爱彼此，充分运用你们之前学到的各种技巧。当你学会创建亲密文化，你就能从"亲密学堂"毕业了，你离亲密关系专家已经不远啦！

那么，亲密文化到底意味着什么？我们知道，亲密是通过了解和关爱，直抵他人内心世界。那"文化"是什么呢？

在《韦氏词典》中，"文化"的定义是：某一特定社会、团体、地点或时点下的信仰、风俗、艺术等。社会科学文献还有一个更具体的定义：在显式和隐式的历史模式下，派生和挑选出的思想，并体现在各种组织、实践和艺术品之中。

这些定义都能引发各种思考。但就亲密本身而言，我将文化定义为一个能反馈亲密的系统模式，一种对了解和关爱的刻意提醒。你们能一起创造这种文化，共同的语言、共同的目标、共同的决心。你们对亲密的共同渴望，将你们牢牢连在一起。由你和她创建的亲密文化，绝对独一无二。

随着时间的推移，文化在某些方面的发展，离不开长期持久的关系。这种关系至少包括以下几方面：

- 共享意义系统
- 共享回忆和体验
- 共同的目标
- 回馈和赠予

接下来，让我们更全面地了解上述类别吧！另外，请记住：了解和关爱远未结束。只要创建亲密文化，你就能提高、简化并强化你付出的努力。

无处不惊喜，小小事件也可以意义满满

创建亲密文化的第一种方式是建立共享意义系统。共享

意义系统，就是一群人在一起让某件事情变得有意义。这可能听起来很奇怪，但很多时候，我们都在无意识的情况下做了有意义的事情。

举个例子，你走进一家珠宝店，环顾四周的珠宝，终于，你挑选了一条项链，付钱买单，然后把它作为生日礼物送给你的朋友。

那天之后，你注意到你的朋友每次和你约会都会戴上这条项链。也许这条项链的价格并不昂贵，但你为朋友倾注的精力与善意，让它变得与众不同、充满意义。你们都意识到，项链就是"我们是朋友"的象征。

创造意义的方法千万种。你和男朋友创造的一系列独特有趣的早午餐过程，会让这顿饭变得有价值；你和同事每次都为销售的成功拥抱击掌，会让击掌这个小动作变得有意义；你和老爸一起改造你儿时喜欢的曲奇配方，会让这块小饼干变得有意义。

听着简单极了，不是吗？共享意义系统的创建方式简单多样。首先，选择你们都喜欢、都记得的某事作为参考；然后，有意将这件事系统化。

我们常常把目的部分遗漏。我们可能总是一起吃早午餐，却没意识到已经对它注入了不同意义。这就是我鼓励你有意识地关注并建立共享意义系统的原因。在建立共享系统的时候，

我希望你有目的地去做一件事,而不仅仅是为了习惯和模仿。当你们变得亲密时,习惯很容易带来距离。有目的地选择亲密关系中最好的一方面——最亲密、最有趣、最激动人心的部分——这些应该也值得成为亲密文化的核心。

下述方法能让一件事变得意义不凡。

习惯/看法 习惯和看法是指你们共同拥有的某些信仰。这是一种精神倾向,与分享某个观点类似。比如,你们都认为和家人做生意没什么不好,不信仰任何宗教也没关系等。

仪式/惯例 仪式和惯例是指有深刻意义的定期行为。你和你的表弟每天早上一起去健身房,因为你们都很重视健康。健康是你们共同创建的文化的一部分,去健身房的惯例就是提醒你们共享这一文化。

语言/幽默 语言,是指为你们的亲密关系创造独特的语言表达方式和用词风格。幽默,尤其是那些外人不懂的幽默,能给你们的亲密文化带来奇妙体验!

符号/实物 符号和实物会让你们的关系真实可见。如果你们住在同一屋檐下,你们可以在家里展现这些物品。比如,你们的合照、一起旅行的纪念品、生日或周年纪念礼物等。

在爱情关系中，选择有意义的实物非常容易。一对小夫妻往往会将有意义的物品摆在家中。社会心理学家希梅娜·阿里加亚的研究报告表明，家中摆放的实物"会暗示这段关系进展良好、品质较高……由此，我们认为，应该在家里的显著位置摆放那些某一特定环境下，对夫妻思想、情感、行动有重要影响的实物。这些蕴藏信息的暗示行为，能改变家中的物理环境，同时提升家庭成员的自我身份认知。"

所以，如果你们住在一起，突出显示符号和实物是共建共享意义系统的良好开端。如果你们是商务伙伴（并不住在一起），我建议从仪式和惯例开始。定期频繁的会议、社交聚会和简单的仪式（比如击掌）应该经常发生。请注意，当它们发生时，要善于利用，并使它们成为你亲密文化的一部分。

以下是一些与生命中重要的人创建共享意义系统的小创意。这些都只是建议，融会贯通才是根本。

爱情小创意

仪式 结束一天辛苦的工作，和心爱的他/她来一个亲切的拥抱或亲吻（身体上的亲密接触）吧！彼此分享一天中发生的好事与坏事。这是增进了解的绝佳机会！

语言 给你们的爱情取一个亲切的昵称吧！就像"史

密斯夫妇""维尼夫妇"一样!

符号 订婚或结婚戒指,可以说是最多人认可的爱情象征。定制一对戒指,会带给你们特别的意义。你可以在戒指上写下对方的名字,或你们的爱情誓言。这样,每当你看到这个爱情符号,亲密感也就油然而生。

家庭和友谊小创意

仪式 给你们创造一个庆祝的节日吧!和知心好友一起,度过一年一度的友情纪念日吧!或者叫上家人,一起度过"七月感恩节"或是"九月复活节"。

语言 观察她特有的习惯,然后创造一个新的动词吧!比如,我叫基拉,每次和朋友们约会我都会早到10分钟,他们称这为"基拉风"。

符号 把家人或朋友的照片摆在家里。这些捕捉美好瞬间的照片,能让你不时回忆起你们共同的故事。

商业往来小创意

仪式 结束一周的工作,让团队的所有伙伴聚在一起,每个人说出这周里自己最引以为傲的一件事,同时说一件其他人做的最让自己欣赏的事情吧!

语言 不要害怕使用术语或行话，这能很好提醒你们记起初始的环境。比如，当一家创业公司改变业务重点时，我们用"转型"。每当我看到我那些创业的老朋友，就会用各种术语吐槽他们："哦，你下周要开始一份新工作吗？我懂，转型嘛！"

符号 也就是团队标志。穿上印有团队或公司标志的衣服，提醒自己："我真骄傲能成为团队的一员。"

嵌入彼此的回忆，拉紧情感的纽带

创建亲密文化的第二种方式是制造共同回忆。回忆连接着情感，所以，你们嵌入对方的回忆里越深，彼此的情感慰藉也越多。换言之，制造共同回忆能增强你们的情感纽带。

当然，在一段长期的人际关系中，无论你是否在意，回忆都会随时间的推移被创建。那么，为什么不有意让这些回忆与众不同，充满正能量呢？尽管特别的回忆可能是做某些大事，比如，和你最好的朋友去旅行，或计划一场惊喜派对。但是，一些最难忘的时刻往往在细微处，比如，共同探索的一条新街道，或是第一次邂逅。

回忆，是创建亲密文化的根基，可以影响亲密文化的方方面面。以共享意义系统为例，摆在家中的婚纱照，会不时

提醒这对夫妻对婚姻的承诺,这张照片里肯定也包含着他们爱情的回忆。

确切地说,回忆不是你在她身上投入的大把金钱,也不是你对她的默默支持。你需要用心,才能制造回忆。关注她的行动,注意你们在一起时周遭的一切事物。视觉、嗅觉、听觉……动用你一切的感知力,让回忆更加丰满。

当然,有一个问题明显存在,却被人刻意回避,那就是手机。只需按下快门,"咔擦"一下,就能在一纳秒里迅速捕捉一个瞬间。尽管手机镜头下的这些照片能为回忆带来一些帮助,但它们很容易分散体验感,而你和她过去的体验,恰恰是回忆的关键。

美国斯坦福大学的研究员马赛厄斯·克劳福德致力于人机交互研究,他将手机对人们生活体验的影响概括为:

> 人们用手机捕捉和增加的每一个体验,都是经过构思和改造的。比如,就餐,就餐期间和之后的体验都会由特定的应用程序修饰。
>
> 人们用 OpenTable 预定餐厅;到达餐厅时,用 Foursquare 签到;把食物拍照,用手机 PS 软件加一个滤镜,上传到 Instagram;用餐期间,把听到的笑话分享到 Twitter;吃完饭,把用餐体验分享到点评

网站 Yelp 上；最后，用打车软件 Uber 叫车回家。

你知道的，当人们拒绝手机时，就意味着拒绝硅谷的所有创意。

我们可以通过一些方法，让手机成为我们制造回忆、培养亲密的有利工具。不必拒绝手机，你也能获得愉悦体验。诀窍就是，用手机增强而非弱化体验。

爱情小创意

关注重要的时刻或你们一起走过的日子　婚礼、结婚周年纪念日、约会纪念日。这能帮助你组织零碎的回忆，构建完整连贯的爱情故事。

一起做些活动　比如，骑行、爬山、攀岩等。

庆贺成功　你的妻子顺利退休、升职加薪，或收到了研究生录取通知书吗？成功本身就是美好的回忆。赶紧利用这个机会，把回忆变得更美好吧！

家庭和友谊小创意

一起培养新的兴趣爱好　一起报名绘画培训，一起品尝美酒……回忆是你们分享共同的兴趣。

与家人一起，把美食融进回忆里　在厨房里帮忙。如果

你的某位家人负责制作感恩节晚餐,那就陪在她身边、给她打下手。未来的很长时间里,你们都会记得那个时刻。

和朋友计划一次旅行　旅行,能为你们的友谊添砖加瓦。旅行不必奢侈,挑个周六的晚上,大家一起睡在某个朋友家,畅聊卧谈,周日一起吃早餐,绝对是不错的体验。

商业往来小创意

腾出时间和团队共进午餐或晚餐　把大家一起喝杯咖啡变成稀松平常的事,相信我,环境的改变会让大家开始谈论新话题。

一起学习新技能　记忆和学习相关联,所以一起学习新技能,能创造共同记忆,同时增强团队的工作能力。

安排户外旅行计划　把你的团队带到一个不常去的地方,一个下午的时间就行。这会使团队成员之间有更多的交流话题,让彼此产生更多交集。

携手攀上幸福阶梯

通常,我们认为的人生目标是追求生命的意义,或者对世界产生一定的影响。这些目标是高度个性化的，就像自我价值一样。事实上，人生目标即实现自我价值。

每个人的目标各不相同，因此，当你与他人为一个目标而努力时，你们的亲密感和特殊性就显而易见。共同的目标，对营造亲密文化意义非凡。虽然共享目标是维系亲密的高级方式，但绝非难事。

共享目标，首先要着眼于自我价值，着眼于你们共同关心的事物。你们有哪些共同点？你们的价值观在哪些方面重合？如果你们创建了亲密文化，就很容易了解和确定彼此共同的价值。

如果无法清晰识别共同的价值，那么我建议你们各自列出 20 条自己的价值。

然后，分享这个价值清单，仔细观察哪一条是可以相互融合的。也许你的价值之一是追逐大自然，而他的价值之一是冒险。这些重叠的部分，就是创建共同目标的机会。一旦你发现了机会，就赶紧行动起来吧！

请记住，你的价值是你真正在意的事，也需要用心关爱。选择一个共同的价值，问问自己如何秀出这个价值。这听起来很抽象，但会让你们为了实现这个共同的价值，做一些实实在在的事情。

假设你和姐姐都非常关心孩子的营养健康状况，都热衷

于讨论这个话题,并希望看到真正的改变发生。有什么方法能将你们把对这件事的热情付诸行动呢?

如果你们都为人父母,那可以交换健康食谱,可以一起加入社区组织的校园午餐计划,可以当志愿者,一起捐款或筹款。或许,你们可以一起写一本儿童食谱。哪怕简单地为对方加油鼓劲也很好!

这些都可以是共同的目标。共同的目标,可以大到共同创业,也可以小到简单的谈论和交流。这些目标会影响你们各自的生活,也会为你们的关系带来积极影响。

我们可以通过以下方式,创建共同的目标。

- 在爱情关系里,组建家庭往往是一对情侣共同创建的、有意义的目标。怀孕生子(或收养孩子)和组建家庭,对他们有重要意义和深远影响。
- 我们可以在周围的社区或慈善项目里,找到与家人、朋友的共同目标。也许,你的某位亲朋好友患有某种疾病,那么,一起找到治愈它的方法就是你们共同的目标。
- 在商业往来中,共同的价值建立在公司愿景之上。例如,公司的两位合伙人愿意投入一部分资源做公益慈善。当然,你和商业伙伴共同的目标也可以很简单，即实现生意的双赢。
- 最后，如果你和她都珍视亲密，渴望更多的亲密感，这不就是你们共同的目标吗？

为你付出，我开心至极

在人类学中，赠予文化指群体成员交换礼物、互相答谢并不附加任何条件的文化。

我发现，共建亲密文化的关键方法之一也涉及这一心态。你为爱的人付出，并不是你渴望他的回报，而是这种赠予文化已在你们之间悄然形成。它是一种相互的文化，因此你的伴侣会和你有相同的感觉和行为，为你付出，不求回报。

我所说的赠予，概念非常宽泛。你可以赠予她有形的实物，这是你们爱的符号，充满爱和意义。但赠予文化并非单指有形的礼物，它的核心内涵应该是"无条件地给予"。

以下几点无形的礼物，或许可以为你提供灵感：

- 感激
- 钦佩
- 尊重
- 自由

- 本性
- 发展空间
- 鼓励
- 支持
- 爱

这些可以自由给予和接受的礼物，会让你们的亲密文化更圆满。和亲密文化中的共享意义系统、共同的回忆和共同的目标一样，这些无形的礼物，会让你们的关系更坚韧、更温柔、更宽容。

爱情小创意

"超乎想象" 可以是糖果、郊游等传统礼物的赠予，但要让对方出乎意料。就算不是她的生日，也可以送她一份"生日礼物"，这绝对充满爱意、令人难忘！

"约会互换" 计划一些对方感兴趣的约会。经常做这些，就像送礼物一样。这些其实是在表明"我不仅知道你喜欢什么，我还想为你做更多"。

"清单之外" 这意味着做一些在你日常家务清单之外的、有意义的事情，比如说，洗衣服。这些超出了对方预期的事情，不仅会让她倍感体贴，也代表你赠予了她更多自由时间。

家庭和友谊小创意

鼓励　给予对方支持和鼓励,也是一份无形的礼物,她一定乐于接受。

一起玩耍　计划一次郊游,聊天不是目的,摆脱沉重的对话,花一点时间和朋友出去走走吧!比如,打网球或弹彩球,简单轻松的游戏即可!

陪伴　每个家庭都会经历低潮期、困难期。给予家庭成员安慰和陪伴,就是最珍贵的礼物。

商业往来小创意

反馈　企业管理有一句俗谚:"没有反馈是最坏的反馈。"与工作伙伴分享工作经验,是一种宝贵的礼物。但你得确保,你是在交流经验,而不是布道某种"真理"。

拥护　拥护对方,赞扬他对公司的贡献,是非常体贴的赠予。这肯定了他的工作成绩,也有助于他升职加薪。

赞赏　在工作中,没有比赞赏更好的礼物了。他得到了赞赏,会更加勤勉地工作、更满意现在的工作内容和工作状态。

提问时间：自我反思

- 你最喜欢用哪种方式创造意义？符号、实物还是幽默？
- 谁和你的价值观念最相似？她愿意敞开心扉、为共同的目标而努力吗？
- 你希望他人赠予你哪些无形的礼物？你向他谈及过吗？

挑战自我：学习实践

详细描述你理想中的亲密文化。下列问题有助于你为你的亲密文化贴上个性化标签。

1. 如果为你的亲密文化命名，你希望是什么？
2. 如果把亲密文化拟人化，你希望他是什么样的人？
3. 如果为亲密文化配上声音，你希望是怎样的？
4. 周末的时候，你希望和亲密对象分享些什么？

亲密贴士

我们通过创建亲密文化,维系一段长期的亲密关系。亲密文化,建立在相互理解的基础上,让亲密关系不断生长。这种文化渗透到你们的关系中,时刻提醒你们了解对方、关爱对方,它让你们的关系更稳固、更长久。

亲密文化独一无二、个性十足。但至少包括以下几点:

1. 共享意义系统,也称"让某件事情变得有意义" 主要包括:习惯/看法、仪式/惯例、语言/幽默、符号/实物。
2. 共享回忆和体验 回忆连接着情感,你们嵌入对方的回忆里越深,彼此的情感慰藉也越多。制造共同的回忆能增强你们的情感纽带。
3. 共同的目标 分享人生的共同目标,是非常亲密特别的。共同的目标,能为你们的亲密文化注入更深层的意义。

亲密贴士

4.回馈和赠予 赠予无形的礼物，比如感激、赞美、尊重、鼓励和爱等。为她付出、不求回报，正是你们亲密文化的关键部分。

14

愿你在每一种境况中，都能突围而出

只有那些相信自己内心比外界困境更强大的人才能成就壮丽的事业。

BBDO广告公司创始人　布鲁斯·巴顿

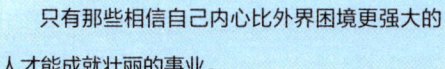

　　任何一段人际关系可以亲密，也可以疏远。但面对亲密，每一类人际关系（友谊、亲情、爱情）都存在不同的问题与挑战。

　　不同的人际关系，预期也各不相同。友谊如此，爱情也如此。浪漫的爱情往往从先入为主开始，到期待一份笃定的承诺。友谊则并非如此。

　　关于如何战胜某种人际关系障碍，人们各执一词。但我们有一点共识，即给某种具体的人际关系下定义是毫无意义的，你需要更新和改进那些狭隘的想法。

　　人们通常在工作、家庭、朋友和伴侣四大类环境中创建亲密关系。在获得亲密关系的旅途上，你将遇到什么心理障碍呢？

既是同事,又可以是亲密伙伴

心理障碍1　似乎得和工作伙伴保持一定的距离

工作中,你一定很难想象在不逾越任何界限的同时创建亲密。然而,我发现,同事之间可以在保持工作专业性的同时,建立亲密关系。怎么做到呢?

首先,亲密关系是完全相互的交往。在工作环境中,如果他不想回到有关需求和价值的问题,那他可能不是创建亲密的最佳人选。但现实是,即便在工作状态,人们也摆脱不了人性,他们体会情感的方式和你是类似的。因此,如果你对她有好感,想和她共进午饭,她很可能也有同样的想法哦!别犹豫,赶紧上前一步问问吧!

此外,亲密,尤其是关爱(亲密关系中最亲密的一部分),能真正为工作环境带来益处。现有研究表明,同事之间表达关爱大多发生在办公室之外(似乎因为这样可以更自由地讨论私事),并影响他们在办公室内的工作。

2012年,美国麻省理工学院人类动力学研究室在《哈佛商业评论》上发布了一项调查研究。该研究对各类行业的工作团队进行了观察,包括科研团队、医院、银行和客服中心等,以确定什么因素能让团队表现得更好。研究员让参与者佩戴一个电子追踪器,"收集他们个人交流行为的数据信息(包括

语音语调、肢体语言、交流对象、交流内容等)"。研究发现,"最能提高生产效率的因素,是日常会议之外的团队凝聚力和投入感。把这两个因素结合,能为团队带来1/3的额外产出。"

还记得我们在第三部分讨论的关爱吗?"与家人、朋友、伴侣或商业伙伴交流互动的过程中,传递关爱其实很简单:全身心投入。"在上述研究中,全身心投入正是团队生产力的核心组成部分。可见,即使是在工作中,关爱的力量也不容忽视。工作中的亲密关系肯定会减少你的孤独,甚至让团队更好地工作!

重构心理障碍 1　亲密关系不会过界,它让团队功能得到更好的发挥。

心理障碍 2　带着情绪工作是不专业的表现

记住,情绪不只是宣泄和哭泣。情绪是任何人类群体固有的,工作群体也不例外。在工作环境中,情绪会偏向正常化,降低哭泣和宣泄的可能性。

无论你承认与否,情绪始终伴随左右。她默不作声地工作,可能是心里充满伤心的泪水,可能是怒火中烧,也可能只是全神贯注地做项目,或是在仔细核对数据。如果你不问,你怎么知道发生了什么呢?

不及时解决工作中的情绪问题，我们就会遗漏很多触手可及的关键信息。"你如何看待这个项目"和"你觉得你的老板怎么样"是完全不同的问题。"你觉得你的团队怎么样"和"公司未来的发展前景如何"也是完全不同的问题。了解这些细微的差别，对每个人都有好处。

你也许会想："了解同事的情绪是一回事，但向她展现关爱，真的合适吗？"当然合适！关爱可以只是承认她的人性，对她的事情感兴趣。当她渴望你加入时积极参与，仅此而已。这有什么不合适呢？

重构心理障碍 2 工作环境中，情绪问题无法避免。不要回避它，试着用更好的方式体会它、了解它、解决它！

心理障碍 3 有些人天生就是麻烦，敬而远之方为上策

这个世界上，确实有些人本身就是个麻烦，与其共事更是糟糕透顶。有些人无法胜任工作，甚至还会制造麻烦。你还记得约翰·高特曼关于"斗牛犬"和"眼镜蛇"的研究吗？"如果你发现了他／她身上的某些可怕特质，并且符合危险信号的描述，最好敬而远之"。

但我认为，这和通常指的把他人视为"麻烦"是不同的。

你非常不喜欢推销员,并有意选择远离她,和你因为她写的新闻稿满是错别字而默默厌烦她,是一回事吗?当然不是。第一种是有意识的决定,让你自己更舒服;第二种则是没有很好地把人和问题分开。

团队工作讲求协作性,团队成员很容易分享成功和喜悦,也容易把错误归咎到某一个人身上。对事不对人,往往都是说起来容易,做起来难。

我希望你从思考方式上做出改变,即"被判有罪之前,他是无辜的"。假设推销员是个不错的人,假设这个问题不是由他的性格缺陷引起的,假设他这个人本身没有问题,直到找到真正的问题为止。最后,你可能会发现,他这个人确实没什么问题。

重构心理障碍3 假设人们都是无辜的,把问题与人的性格独立开,直到被证明并非如此。

解开家人亲密的谬误

心理障碍1 你是我生养的,难道我不了解你?

这种心态可能是家庭亲密的最大障碍。它假定家庭成员之间,与生俱来就彼此了解,并且对这种永久的家庭关系过于自信。正如前面讨论的,没有哪一种人际关系天然就更亲密。持有这种观点对创建亲密的家庭关系非常不利。

如何转变这一观点呢?首先,培养好奇心。你的兄弟姐妹近期说过某些可能激发你好奇心的事情吗?他们最近的某些选择让你完全无法理解?试着问问他们,记得运用邀请的心态,提一些精心设计的、恰到好处的问题哦!

还有一个建议,就是反思与孩提时代相比,你和她究竟改变了多少。这么多年过去了,你和家人一定或多或少发生了变化,这种反思能帮助你改变固化的思想。

重构心理障碍1 没有向你发问前,我不能假设你的答案。

心理障碍2 我宁愿自己扛着,也不想家人为我担心

我发现家庭成员之间的距离感,很多时候源于害怕说实话,害怕敞开心扉。这个话题很复杂,但解决方法简单直接,即敞开心扉、彼此忠诚。

记住一件事:对于不能与你创建亲密关系的人,不必强求与其共建亲密。如果你的父亲拒绝接受关于你的一切新信息,或者你那成年的儿子无视你在努力地了解他,或者你的妹妹拒绝为你们之间的错误承担任何责任,那就不要走进

死胡同。家庭成员和其他人一样,需要通过了解和关爱的"测试"才行。

为了找到能与之亲近的家庭成员,我建议你像对待陌生人一样,向她提几个问题,并测试她是否具备了解能力(自我表达能力、互惠能力、接受信息的能力、活在当下)和关爱能力(感受和表达情绪的能力、适当的反应能力、承担责任的能力、接受关爱的能力)。

通过测试的家庭成员,你就可以放心地与她创造亲密关系了!

重构心理障碍 2　每个家庭成员都是特别的,我可能只能和他们中的一两个创造亲密关系。

心理障碍 3　长幼有别,长辈们都是板着脸的

很多家庭关系都是不平等的。很多时候,父母就是父母,孩子就是孩子,与年龄无关。这种情况下,长辈们觉得,与晚辈分享情感或示弱是件不太舒服的事。这对亲密关系也是一大挑战。

话虽这么说,但究其原因,可能只是你没有掌握与家庭成员创建亲密关系的所有方法。在走向亲密的路上,你需要勤加练习。

你的祖父可能永远不觉得你和他是平等的。如果他不展现自己的任何缺陷，你永远不可能把他视为一个普通人。但这并不意味着你们不能了解彼此的故事，不意味着你不能全身心投入，更不意味着你们不能相互传递关爱。

亲密关系不是此消彼长的零和游戏。你总能在一些领域找到突破口，发现可以源源不断制造亲密的机会！

重构心理障碍 3　我可能不能与家人亲密无间，但亲近一点点绝对比越来越疏远好多了！

谁说友情中只能充满欢声笑语

心理障碍 1　我只想和朋友谈天说地，不想聊人生规划

与某人创建亲密关系，可不是让所有对话都变得沉重。一旦构建了大量的了解和关爱，它们就会储存在你的脑海里，你会不自觉地运用它们。

话虽如此，但进行几次真正有意识、有目的的对话（尤其在一开始），能让你们的亲密感大幅提升。许多人在孤独的边缘苦苦挣扎，渴望更深层的满意关系。这些对话对减少孤独很有效，况且对话本身也充满乐趣。

这些对话并不沉重，甚至是轻松愉悦的。如果你更了解

朋友的喜好，约会时肯定会感觉更棒。如果你们发明了只有你们俩才懂的玩笑，在一起时的笑容就会更多。如果你学会了全身心投入，无论你们在一起做什么，你的参与度和代入感都会提高。

重构心理障碍 1　更多意味深长的对话，能让你们在一起时更有趣、更开心！

心理障碍 2　太过严肃会扼杀刚刚萌芽的友谊之苗

对一些人来说，朋友就是和你一起享受休闲时光的人，仅此而已。如果这是你想要的友谊，同时你并不感到孤独，那确实没有任何理由强迫你们更亲密一些。

但是，为什么不让友谊成为你生命中最重要的关系呢？你看过《欲望都市》(*Sex and City*)、《明星伙伴》(*Entourage*)、《黄金女孩》(*Golden Girls*)或者《老友记》(*Friends*)吗？在人生的很多情况和阶段中，朋友是你在社会支持体系中必不可少的重要支柱。很多时候，你可能厌烦了爱情，也不想被家庭琐事困扰，友谊却能带给你全部的慰藉。

友谊和其他人际关系一样，有很多潜在的内涵。尝试重构友谊，把"我会认真对待我的友谊""我会用心经营我们的友谊"这类想法放在心间。

重构心理障碍 2　我并非严肃对待友谊，只是用心对待我们之间的友情！

心理障碍 3　我们是朋友，所以懂你，不用再费心维持

有时候，和新朋友创建亲密关系，反而容易得多。你可以从头开始，养成了解和关爱的正确习惯。并且，当你发现付出得不到回报和承认时，你也可以快速抽离，不会损失太多。

现有的友谊要求我们改变习惯，但我们都知道这很困难。所以，在你承担风险、开始改变之前，先问自己几个简单的问题。如果你们之间已经建立了友谊，你是否仍然感到孤独？原因是什么？哪些东西你并没有从友谊中得到吗？你想要有哪些不同呢？

克服这一心理障碍，需要从自身开始。你渴望什么？如果你真的在乎这份友谊，那就做出改变，向你的朋友传递关爱。如果你觉得儿时的朋友已经不了解你了，那就从一些了解的小举动开始。从小事做起，细微的变化也能带来很大的不同。

重构心理障碍 3　如果我有很多朋友，但仍深感孤独，可能就是我的友谊中少了些什么。那究竟是什么呢？

伴侣不是你的所有物，爱情也不是虚无缥缈的

心理障碍 1　伴侣是我的私人"所有物"

当你和爱人承诺彼此是对方的唯一时，可能会觉得除了你之外，其他任何人都不应该走进她（或他）的内心世界。这样的心态再正常不过了。在我看来，你确实以某种特殊的方式直抵配偶的内心世界，但你也得允许他（或她）与其他人建立亲密关系。你只需加以区分即可。

首先，你肯定承认，亲密关系不等于性关系。当然，亲密并不排除性，但性亲密不是亲密必备的一部分。更明确地说，亲密不带有任何方式的轻浮、暗示或浪漫。所以就性方面的排他性而言，亲密关系不会对爱情造成威胁。

但是，怎样才能不让亲密关系引发夫妻之间的战争呢？我们引入第二个区别：亲密不是爱。爱让你们的关系具有排他性和唯一性。特定的爱，的确无法在除伴侣以外的其他任何人身上重现。"没有人能理解我们的爱"，是毋庸置疑的真理。建立亲密不会重建、摧毁或改变爱情。亲密，只是减少孤独的一种方式而已。

重构心里障碍 1　亲密和爱情是不同的。我们的爱情独一无二，但亲密可以与很多人分享。

心理障碍 2　爱情就得是浪漫的

把一个人视为你的另一半，这浪漫极了。但现实情况是，如果他（或她）做了一些你不喜欢或不赞成的事情，你依旧会觉得不爽、觉得被冒犯。如果你的"自我"和对方纠缠太多，你们之间任何一个小错误都可能带来悲剧。

为了不让自己受伤，而强迫另一半认同自己的想法，是很常见的事。但这可能让你陷入孤独的境地。

如果你能试着摒弃某些关于爱情的老旧观念，就会发现，把爱情作为独立的实体比强迫彼此融合在一起更浪漫。这是一个亘古不变的选择，由你们共同创建的爱情，是关于你和他的，你们共同创造的新生活，就是你们爱情永恒的产物。

把动态的人际关系行为和静态的"作为一个人"相比较，后者听起来不是有点无聊吗？

重构心里障碍 2　"人际关系是独立的实体"其实更浪漫，因为它更积极、更活跃、更富创造性。

心理障碍 3　观念不同的人无法走到一起

人们往往没有意识到，夫妻双方价值观不同时，很容易出现婚姻问题。如果不了解对方的行动方式，也不了解这一行为的根本来源，重大的误解很可能发生。还记得金·卡戴

珊短短72天的婚姻吗？

然而，真正不同的并非价值观，而是缺乏对价值的认识。以自由为价值观的妻子，和以不断进步为价值观的丈夫，可以开启一段伟大的婚姻吗？当然！如果他们意识到这种差异，就能想出有效的方法来化解差异。也许，妻子得到了所有她想要的空间，而丈夫正渴望得到她的调教。只要他们彼此信任，短暂的调教并不会影响妻子长久的自由。

但如果双方没有意识到分歧，丈夫就会觉得妻子有所隐瞒或不在意他的价值观，妻子会认为丈夫又无聊又黏人。价值观的差异，是因为缺乏对对方内心世界的了解，并不是性格缺陷，更不是亲密关系的杀手。一旦你明白了什么动机能够激励配偶，就能将这种动机融入你们的爱情之中。

重构心理障碍3 不知道彼此价值观的不同，才会导致真正的问题。

上述内容是每一类人际关系的主要心理障碍，但绝不是唯一障碍。你在工作、家庭、友谊和爱情中创建亲密时，有哪些固有观念？你的哪些想法需要重构？

提问时间：自我反思

- 生活中，你觉得哪一方面的亲密关系最难创建？为什么？
- 生活中，你觉得哪一方面的亲密关系最容易创建？为什么？
- 你秉持着"人际关系应该是怎样"的想法吗？具体指什么？你应该如何通过亲密的视角重构它呢？

挑战自我：学习实践

选择一个你过去坚信不疑的心理障碍，试着重构它。把它写在便签纸上，贴在每天都能看到的地方，比如，卫生间的镜子上。坚持下去，直到你不再需要处理它。当你不再需要为它而仔细思考时，它就成了你思想的一部分。

亲密贴士

关于人际关系在某些情况下的状态,我们都有一些过时的想法。这些想法是我们创造亲密关系的障碍,重构它们才能帮助我们更好地获得亲密关系。

工作

1. 似乎得和工作伙伴保持一定的距离。

重构:亲密关系不会过界,它让团队功能得到更好的发挥。

2. 带着情绪工作是不专业的表现。

重构:工作环境中,人们的情绪问题也无法避免。不要回避它,试着用更好的方式体会、了解、解决它!

3. 有些人天生就是个麻烦,敬而远之方为上策。

重构:假设人们都是无辜的,把问题与人的性格独立开来,直到被证明并非如此。

家庭

1. 你是我生养的,难道我不了解你?

亲密贴士

重构：没有向你发问之前，我不能假设你的答案。

2. 我宁愿自己扛着，也不想家人为我担心。

重构：每个家庭成员都是特别的，我可能只能和他们中的一两个创造亲密。

3. 长幼有别，长辈们都是板着脸的。

重构：我可能不能与我的家人亲密无间，但亲近一点点绝对比越来越疏远好多了！

友谊

1. 我只想和朋友谈天说地，不想聊人生规划。

重构：更多意味深长的对话，能让你们更有趣。

2. 太过严肃会扼杀刚刚萌芽的友谊之苗。

重构：我并非严肃对待友谊，只是用心对待我们之间的友情！

3. 我们是朋友，所以我们心心相印，不用再费心维持。

重构：如果我有很多朋友，但仍深感孤独，可能就是我的友谊中少了些什么。那究竟是什么呢？

亲 密 贴 士

爱情

1. 伴侣是我的私人"所有物"。

重构：亲密和爱情是不同的。我们的爱情独一无二，但亲密可以与很多人分享。

2. 爱情就得是浪漫的。

重构："人际关系是独立的实体"其实更浪漫，因为它更积极、更活跃、更富创造性。

3. 观念不同的人无法走到一起。

重构：不知道彼此价值观的不同，才会导致真正的问题。

15

10个方法，
与自己更亲密

自我接纳邀请你不要试图变成理想中的那个人,而是给自己留出足够长的时间,找到自己真正的模样。

英国畅销书作家　罗伯特·霍尔登

　　终于到了探寻亲密之路的最后一站,是时候解决你生活中最重要的关系了,即你与你自己的关系。

　　当一个人想改善与自己的关系时,她通常会说"我想学会爱自己"。你可能会想,"爱自己"是一个可靠的思考方式,能让自己获得更多的理解和亲和力。但是,如果人与人之间产生的爱是不可控的,那么朝着"爱自己"的方向的努力是不是也充满了不确定性呢?

　　我相信,当人们说想更爱自己的时候,真正渴望的其实是与自己更亲密。他们想要了解最真实的自我,想实现内心最真实的价值。而亲密关系,恰好可以帮助你巩固与自己的关系。

幸运的是，与自己亲密并没有那么难，而且你之前所学的亲密法则都很适用。与其他人际关系一样，你也得加深了解和传递关爱。

只是这一次，了解和关爱的对象是你自己。这比你想得要容易得多，而且过程中充满无尽的快乐。

除了满足爱自己的愿望，与自己亲密还有两个很实用的原因。

第一，与自己更亲密，对创造自己与他人的亲密关系至关重要。如果你对自己的内心世界知之甚少，对自己的需求、价值观、偏好、欲望、节奏都不甚了解，那别人也很难真正了解你。

第二，无论你的生活里来去匆匆多少人，你都可以与自己亲密。如果身边真的没有一个可以接近的人，你也别绝望！你可以与自己无时无刻保持亲密关系。更好的是，你可能越来越发现，与自己亲密就能缓解孤独，而这正是你一直渴求的。

了解和关爱自己，可以让你收获更多安全感和独立感，让你更好地应对和化解孤独。你还可以获得以下的好处：

- 更接近自己的内心世界；
- 更了解自己的需求和价值；
- 提升辨识和表达情绪的能力；

- 了解更多关爱自己的方法;
- 让自己具有被了解、被关爱的能力。

现在,让我们看看与自己创建亲密关系最重要的十大方法吧!

方法 1 发现我的美

如果你能以某些特质和魅力吸引别人,那么,也能以同样的方式吸引自己。你可以为自己总是努力工作而自豪,可以为自己善于发现幽默、欣赏生活中片刻轻松的慧眼而骄傲,也可以对自己的同情心和才华备感自信。这些特质让你被自己吸引。

不论对他人还是自己,你都可以有很多想要了解和追求的事情。当你欣赏自己的某一特质时,会凭直觉感受到对这些好的特定习惯。无论这些吸引力有多么表面和简单,追随它们,你就能从中更好地了解自己。

认可自己的魅力,有助于我们与他人创造亲密,因为其他人也会被你的这些魅力所吸引。了解它们,你才能更好地了解不同类型的人的不同魅力。这为你与他人的亲密关系提供了良好的信息。

练习：列举10个你最欣赏自己的地方，表象的、深层次的皆可。

方法2　问问自己的心，究竟想要什么

为了更好地了解自己，你需要关注、辨识、有意识地了解自己的欲望。以欲望为起点，深刻了解自己。

我不建议你坐下来扪心自问："我到底想要什么？"因为辨识欲望的过程，可能带来不当的预期和焦虑情绪，反而会阻碍我们了解自己。相反，只是在一瞬间，当你发现自己在商店的橱窗前踟蹰不前，无比渴望买下那一双鞋的时候，停顿一秒钟，问问自己："这双鞋能带给我什么？"这一刻不假思索的答案，会让你找到欲望的真相。

如果不能立刻想到欲望或价值，也不要担心。你可能会通过问答，得到一个"类似欲望"的回应。比如，"它看起来很酷"或"周一上班我想穿上它"。我们的目标是继续调查，不要让这些机会从你眼前溜走。如果你最初的答案是鞋子看起来很酷，那么"酷"是什么意思？这双很酷的鞋子会带给你什么？

当然，不是说你不该买鞋子！如果它让你快乐，那就买下来！但要更有意识地注意自己的行为、动机和冲动，这样

你才能更好地了解自己。

练习：随身携带一个记事本（或用你的手机），随时记录出现的欲望。之后，回顾欲望列表，找到背后更深层次的东西。

方法3 我的人生意义是什么？

现在，是时候深入探寻欲望的本源——需求和价值。如你所知，需求很普遍，人们常常通过抱怨表达自己某些未满足的需求。所以，你要开始注意：我在抱怨什么？我为什么生气？我哪方面的能力有问题？我想指责什么？这些都暗示了你有需求未被满足。

挖掘价值更具有挑战性。人们一生都在辨识和学会尊重自己的价值。在自己沮丧、后撤、自省的那一刻，问问自己："人生的意义是什么？"这些人生的低潮时刻，可能隐藏着被忽视的价值。不愉快的情绪可能直指你最关心的事物，其中一定蕴藏着有价值的信息。

就算你只有一个固定的价值，也得学会尊重它。问问自己："我要如何展现我在乎的价值？它会遇到什么冲击和困难？我应该在哪些方面支持、鼓励或培养它？"

与你的价值亲密接触,也是很好的思考方式。举个例子,如果你珍视自然环境,那就试着了解和关心自然环境。亲近你的价值,你终将与自己亲密。

练习:把你的价值拟人化。你该怎么做才能与之亲密?

方法4 当自己的陌生人

如果要把亲密法则运用于与自己亲密,那最具挑战性的一定是"向自己提出邀请式的问题"。如果你对问题已经有了一个预设的答案,保持邀请式可能非常困难。真正的挑战还在于要问自己一个意想不到的问题——你已经想到这里了,该怎么做才能意想不到呢?

当然,向自己提问仍然对自我亲密有益。提问是深入了解细节的最好方式。你只需改变提问方式即可。

向自己提问时,保持一份好奇心。关注一天中你在做什么、说什么、思考什么,并对此充满好奇。你可以问自己:"这是什么?这么做能带给我什么?为什么我有这样的感觉?这能带来什么改变和不同?"

如你所见,这不是字面意义上的提问,而是让你思考背后的深意和动机。抓住自己的好奇心,适时提问,能消除我

们对已知答案的紧张感。

就像你向别人提问时,质询或"为什么"的问题行不通一样,当你向自己提出一个精心设计的问题,你应该感到身心自由且舒适。毕竟,你只是好奇而已。

> 练习:作家和创造力训练师埃里克·梅塞尔建议:"睡觉前运用'睡眠思维提示',能把你的大脑引向问题的解决方案。"在三个不同的夜晚,试着运用下列三种不同的"睡眠思维提示",并记录你所学到的。

- 我想知道我还需要什么。
- 我想知道我需要做什么。
- 我想知道下一步做什么。

方法 5 当自己的编辑,写下自己的故事

倾听某人的叙述,能让你从他的视角了解他对这个世界的看法。同样,写下你自己的故事,也能让你更了解自己。把自己的故事写在纸上,让自己意识到"我已经挺过了障碍、克服了苦难、学到了教训",也可以让你离梦想更近一步。

写出你的过去可能是一个挑战,尤其是当你的过往并不

如意时。就从你感觉痛苦的地方下笔吧！你害怕写出它们吗？到底在担心什么？有一些故事在你脑海中挥之不去吗？回忆往事很难？有什么是你不想说的？关注你的感受，关注你铭记和遗忘的事情。

书写未来时，注意使它成为一个真实的故事。没有什么是不可改变的，尽情发挥自己的想象力吧！发生在你身上的最好的事情是什么？完美的一天是怎样的？五年后的你是怎样的？关注这些问题会让你兴奋、充满希望，还是害怕、沮丧？这些都是你内心世界的珍贵信息。

记住，你可以编辑、设计你的故事，舍去不必要的部分。对比一下，你真正想记住的关键部分是什么？故事的主角是谁？主题是什么？这些都由你掌握。

练习：从一件生活小事开始，写一篇故事（或电子文档）。比如，迄今为止，你人生中最美好的一天是怎样的？你做过的最艰难的决定是什么？

方法 6　用全部的真心感受自己的情感

情绪总是跌宕起伏，要求自己完全接受它们可是个艰巨的任务。但如果你想与自己亲密，就得这么做。不体会自己

的情感,就无法真正了解和关爱自己。

你不需要突然打开情感的闸门。

首先,试着体会一天中的一件事情,我的意思是用身体去感受。即使它只是一种感觉——一阵宜人的微风使你脸上洋溢着微笑。

如果你体会不到太多,那就密切注意你身体的任何感觉,并且你要相信,体会的越多,感受到的也越多。

从体会感受开始,真正辨识自己的情绪。

给情感一个名称,比如,悲伤或厌恶,高兴或快乐,并尝试用词汇表达它。学习用语言表达情感,是与他人建立情感纽带的关键。如果你不表达情感,她永远不会知道你的感受是怎样的。

管理自己的情绪非常复杂,但只要你记住一个有效方法就够了:用软弱回应软情绪,用强硬回应硬情绪。尽量不要因为恐惧而封闭软情绪,也不要让硬情绪失去控制。最终,你将巧妙地整合各种情绪,从而更好地了解自我、认识自我、关爱自我。

练习:下一次,当你遇到硬情绪,比如,生气、沮丧、嫉妒等,试着挑战它。问问自己:这种感觉究竟是怎么样的?挑战它对我有什么好处吗?

方法 7　我是独一无二的，但我也是普通人

深谙自己的人性，可能是联系自我的最好方式。你，和所有人一样，都是完整的人，是人类大家庭里的普通一员。你独一无二，珍贵无比，但也不可避免地会犯错误。如你所知，这一立场会让你将自己和问题分开。

如果不小心忘了给你的朋友买生日礼物，不用责怪自己，你非圣贤，你需要解决的问题只是没买礼物而已。如果面试迟到，你只需要采取措施避免下次再迟到即可。你是人，也会遇到问题和麻烦。

保持这种心态，可以让你严格地对待问题，宽容地对待自己。它让你能够自我谅解，即使你已经为自己的生活制造了麻烦。你承担部分责任，并努力解决麻烦，然后诚心诚意地原谅自己就可以了。内疚和羞愧，会阻碍你与自己亲近，还会带来更多破坏性的行为。把自己和问题分开，虽然不能摆脱所有的内疚和羞愧，但确实会有一定帮助。

最后，拥抱你的弱点。如果你因展露自己的某一方面而感到不安，说明它也非常宝贵、有价值，就像你一样。事实上，弱点也可以重新包装成优势。忧心忡忡也可能是深思熟虑，强迫症也可以是专注于一件事的能力。花时间反思你的弱点，这是你的独特之处，也是你独一无二的部分。

练习：阻碍你与他人互动的因素是什么？你担心别人发现你的哪一方面呢？这些问题的答案可能包含了你的一个弱点。试着在脑海里重构它，然后与他人分享。

方法 8　多爱自己一点点

关爱自己，动作越大当然越好，但一些微小时刻也很重要。关爱自己和关爱他人的方式是一样的。

你不能每年都给自己一个温泉之旅，也不能期待一辈子挥金如土。表达对自己的关爱，就是在言行举止中无时无刻传递"我在乎我自己"的信号。

所以，该怎么做呢？从回应自我需求开始，投入地、专注地倾听内心的声音。无论你是要给自己一些时间，还是要花时间来处理一些事情，抑或是需要经历时间的考验，别犹豫，就这么做吧！

最重要的是，给予自己与他人一样的馈赠：欣赏、尊重、鼓励、安慰。这些都是自我亲密的重要组成部分。相信自己，你一定能照顾好、关爱好自己。

练习：花 10 分钟，在日记里写下你希望自己对自己更投入的内容。思考一下：我一直忽视了自己的哪些生理需求和精神需求？我介意被忽视吗？

方法 9　创建属于自己的仪式感

无论和他人还是和自己，你都可以用相同的方式创建亲密文化。你每天清晨不厌其烦地在最喜欢的咖啡店喝一杯咖啡，这是一种意识。你把最喜欢的花朵作为文身刻在自己身上，这是一个符号。

既然亲密文化已经悄然产生，为什么不有意识地经营这种文化呢？家中充满各种有象征意义的符号和事物，正是提醒你价值和意义的存在。比如，独自一人去冒险，留下可以回味一生的美好回忆。思考你的人生价值，并努力实现它。你没有理由跟在别人后面！从现在开始，带着目的，做有意义的事情吧！

有意识地做这些事情，可以让你与自己的关系更加牢固。有一天，你会发现，周遭的一切都是你内心世界给你的反馈！

练习：建立只属于自己的仪式和惯例。把每月一次的一日独自远足当成一种习惯。去你想去的地方，利用这一天时间和自己来一场心灵对话吧！

方法 10 偶尔也要放下手机

最后，我们都面对的挑战是：控制科技对人与人交互的影响。当然，以正确的方式使用科技能缓解孤独带来的不适。因此，我推荐：

为自己创造与他人亲近的机会　因为科技使我们很难自然地获取这些机会。

尽可能建立真实世界里面对面的吸引力　科技手段应服务于真实生活，而不是阻碍我们相见。

交流时，选择层次最丰富的语言沟通媒介　记住，通过科技媒介沟通（尤其是在探寻他人内心世界的时候）很可能扭曲对话的氛围。

主动探寻　对方内心深处的信息不会自动出现，你必须主动探寻。主动探寻时，你一定会乐在其中的！

练习：感到孤独时，远离自己的手机和电脑吧，哪怕几小时也行。让自己心无旁骛。记住：你并不孤独，你还有你自己。独自一人的时候，不正是真正了解和关爱自己的大好时机吗？

最后,与自己创建亲密关系的过程,也是提升生活品质的过程。在这个过程中,你会更加懂得亲密法则,这为你与他人创建亲密关系做了充足准备。每一次练习,都在让你成为更好的亲密伙伴。此外,改善你与自己的关系也能缓解孤独。事实上,只要你拥有自己,你就不孤独。

提问时间:自我反思

- 怎么做才能更好地了解内心深处的目的和动机?如果别人问你欲望背后的根源,你是否能够轻松回答?
- 你用什么方法表达对自己的关爱?这些方法有用吗?它们还有改进空间吗?
- 本章的10项练习中,你觉得哪一项最难执行?它让你感觉害怕或恐惧吗?

挑战自我:学习实践

完成本章的全部练习。

亲密贴士

你可以与自己亲密，而且之前所学的亲密法则都很适用。和其他人际关系一样，与自己亲密也要主动给予了解和关爱，不过，这次的对象是你自己。

与自己亲密有两个非常实用的原因。第一，与自己更亲密，对创建自己与他人的亲密关系至关重要。如果你对自己的内心世界知之甚少，对自己的需求、价值观、偏好、欲望、节奏都不了解，那别人也很难真正了解你。第二，无论你的生活里来去匆匆多少人，你都可以与自己亲密。你可以与自己无时无刻保持亲密关系。

亲近自己的十大方法：

1. 关注吸引自己的自身魅力；

2. 了解自己的欲望；

3. 深入探究欲望的本源；

4. 向自己提问，对自己深层次的意图和动机充满好奇；

5. 写下你自己的人生故事；

6. 体会自己的情感；

7. 把自己和问题分开；

亲密贴士

8. 关爱自己;

9. 与自己创建亲密文化;

10. 避免陷入科技思维定式。

运用上述方法创建一段美好的人生吧!拥有自己,你永远不会孤独!

附 录

记住这些,才能与他靠得更近

在这里,我总结了本书的要点,并提供一些缓解孤独的方法。当你需要时,它们可以是很好的提醒和妙计哦!

关于亲密的 10 个要点

1. 我们正在经历一种新孤独——心灵与思想的孤独。走进人群并不能解决问题,你需要与他们亲近。

2. 只有一种方法能化解新孤独,那就是亲密。亲密,就是直抵他人的内心世界。亲密可以消除彼此内心的距离感,让随之而来的悲伤烟消云散。

3. 亲密是一切人际关系的根基。

4. 你需要通过两种特定的方式创造亲密,即了解和关爱。了解,是一种从对方角度思量的行为,一种用对方的话重述其体验的能力。关爱,意味着照顾彼此的感受,告诉对方"你的幸福,真的对我很重要"。

5. 我们的环境,尤其是个人科技用品,减少了我们获得亲密的自然机会。我们的社会环境充满了各种障碍,需要孤独的人们积极克服。

6. 爱是化解孤独的有效方法?赶快忘了吧!在特定的环境下,爱当然可以缓解孤独,但在不利的环境下,爱也会加深孤独。爱神秘又多变,而亲密不是。

7. 所有的人际关系都要亲历从疏远到亲密的过程。

8. 没有任何一种类型的人际关系天然更具亲密感。只要你给予足够的了解和关爱,任何人际关系都能变亲密。当然,缺乏了解和关爱,也会让关系变疏远。

9. 只要愿意,你能和任何人创造亲密关系。朋友、家人、伴侣、商业伙伴,都是潜在的亲密伙伴。

10. 你可以和自己创建亲密关系。与自己亲近,能让你更好地了解自己,帮助你认可和实现自我价值。

创建亲密的10个关键

1. 你能掌控孤独。

2. 你可以学习和模拟亲密关系。

3. 直抵他人的内心世界是可行的,也是意义深远的。

4. 人际关系不是静止的状态，而是积极创造的产物。

5. 你不必把问题归咎于孤独。人无完人，你有缺点，但你值得被爱。

6. 创造机会与他人亲密。

7. 你需要有意识地创建亲密文化。

8. 你想得到什么反馈，就给予亲密对象相应的内容。

9. 父母、子女、老板、员工……他们都是人类大家庭的一员，都具有普通的人性特质。

10. 开始行动吧！多做一点点，多做一件事，也会减少一分孤独。

实践亲密的 10 个方法

1. 向假设说不！拒绝假设欲望背后的真正含义。

2. 用尽可能少的词汇提问。

3. 对他人的强硬情绪保持耐心。

4. 如果你需要拥有一些自己的时间，那就提出来。

5. 与别人分享那些你害怕分享的事情。

6. 为对方树立他愿意接纳的行为范例。

7. 表示对对方的兴趣，无论这有多难。

8. 当你焦虑不安时，试着让自己冷静下来。

9. 注意，与他人交流，不要高姿态。

10. 忘记你计划陈述的内容，倾听即可，认真用心地倾听。

简单可行的 10 大妙计

1. 接近一个潜在亲密伙伴，开启一段对话。

2. 问一个问题，即使过去你认为它很奇怪、不合时宜。

3. 花一小时时间，写下你人生故事的初稿。

4. 为错事承担责任，因为你本可以做得更好。

5. 在争执发生之前，停顿 1 分钟，思考事情的来龙去脉。

6. 告诉某个人，你已经原谅她了。

7. 放弃一段已经疏远的关系，为它的亲密付出努力不值得。

8. 尝试远离个人科技产品一整天。

9. 让你的亲密伴侣主动说一件她非常私密的事情。

10. 如果她需要，请给她一点属于她自己的时间，并相信她在你需要的时候也会给予你同样的时间。

结 语

摆脱孤独,从改变自己的做事方式开始

从记事起,只要踏入人群,我就能感受到那份孤独感。并不是我的童年很糟糕或有心理创伤,完全不是这样。我在幸福家庭中成长,在我的记忆中,没有人拒绝、排斥或者欺负我。事实上,我社交圈里的每个人看起来都和蔼可亲。我认为,他们觉得我也是如此。他们都是好人,我也一样。只不过,我们都是陌生人。

在我的青春岁月里,我似乎始终在努力亲近别人。我身边的朋友络绎不绝,总能找到和我一起安静坐着品尝下午茶的人。与此同时,我发现了与人相处的困境。我觉得自己一直在刻意维系与朋友的感情,这让我感觉筋疲力尽。每个人都有这样的感觉吗?显然不是。说实话,我特别嫉妒那些能

轻易从他人身上获得能量的人。

16 岁左右，我觉得自己一定是个完全内向的人。我喜欢一个人待在房间里，除非有 99% 的概率能确定会度过一段愉快的时光，否则我一定会礼貌地拒绝参加任何社交活动。我享受独处的时间，喜欢发呆、读书、听音乐……

我真的很喜欢独自一人？并非一直如此。总有一些时刻——通常是聚会开始一两个小时后，强烈的孤独感朝我涌来。我又自责、又懊恼。不停地问自己，为什么我没去这次聚会？没人不让我去呀！是我拒绝了他们！

每一次拒绝邀请，都让我内疚、羞耻和矛盾。我如此孤独，为什么还要孤立自己？答案显而易见：我真的不喜欢和大家待在一起。孤独感又是从何而来呢？

和很多人一样，在这种情况下，我们会指责自己。我想独处又不想孤独，必须为两者之间的摇摆不定负责。为什么其他人都知道如何玩得开心，我却做不到？我有问题吗？是我太敏感、太容易兴奋过度？还是我太武断、太容易厌倦别人？一定是我不够开放，一定是我的尝试不够。

类似的心理斗争在我的青少年时期反复上演。长大后，周遭的社会环境开始改变，我为自己拼凑了一个不错的生活。我成为一家游戏创业公司的绩效营销专业人士，在事业上取得了一些成功。我注意到，和大学时代的聚会相比，工作中

严肃专注的环境反而让我身心舒适。我喜欢和大家一起工作。结束一天的工作后,我会很期待第二天再见到同事。

我还喜欢上一个叫卡莫的同事。因为一些很随机的原因,2011年他成为我在创业公司的上司。他很自信,爱出风头,有点固执,但很真诚。说实话,他不是我通常会有好感的那类人。但作为一名经理,他用他的一意孤行和难以想象的坚持,让我们团队的所有人凝聚在一起。换句话说,他迫使我们认识彼此、了解彼此。

为此,工作之余,他让我们组成两人一组的小分队,并每隔几天更换一次搭档。我们不谈工作,只谈生活。我们对彼此表现出兴趣,我们互相帮助。无论项目任务列表上还有多少待办事宜,无论有多少紧急情况需要处理,这种一对一的交流模式雷打不动。在卡莫的逻辑里,只有团队成员之间建立了良好关系,才能更快速、更高效地处理紧急问题。

当然,你一定知道,我们做的这些实际上就是了解和关爱。但这些举动在很久以后才上升到理论层面。当时我只知道,经过几个月的磨合,我们的团队凝聚力达到巅峰。卡莫是目前为止最了解我的人,他还似乎真正关心我的幸福。听起来是不是很奇怪?我工作中的上司,竟然成为最了解我的人!

我不禁想:究竟发生了什么?同事们都以为我们坠入爱河(他们是对的,因为几年之后,我们确实结婚了)。当时,我们都强烈否认，因为它真的不是。事实上，我们团队里的所有人都感受到了那份别样的情感，听起来也许亵渎神明，但它真的比爱情还要美好。没错，那就是亲密。

令人惊讶的是，我竟然很少再出现孤独感。我很奇怪，因为我本质上还是和16岁的我一样，内向、敏感、喜欢独处……究竟是什么发生了变化？卡莫也和从前一样，自信又固执。其他人也是一如从前。后来，我才明白，改变我们的，恰恰是我们正在做的事情。

不可否认，无论何种人际关系，爱情、亲情、友情……都需要良好的沟通和对话。但开启一段良好的对话，人们需要做什么呢？首先需要信任，对吧？怎么做才能表达信任呢？应该建立联系，不是吗？究竟要怎么才能建立联系呢？

我意识到，这是我源源不断的孤独感背后的问题。经营一段人际关系，离不开良好的沟通、信任、有趣、尊重、同情等。绝大多数人，都是充满善意的、友爱的人。只是我们不知道究竟该怎样亲近他们。

卡莫没有改变我这个人，只是改变了我的做事方式，让我们的关系发生了变化。我相信你也一定准备好与你的他创建亲密关系了。希望你在本书中学到的思想、方法、技巧能帮助、指导你。

在我们结束本书之前，还有最后一件事情不能忘：把自

己和孤独区分开来。你是宝贵的、有价值的人，而孤独只是这世上存在的一个问题而已。孤独不是一种人格特质或性格缺陷。过去，我一直相信孤独是我的性格缺点所致。直到有一天，我发现自己不再孤独，但我还是过去的那个我，始终如一。这时我才明白这一认知是多么可笑。

这种新孤独，完全独立于你我，独立于任何个人。这份孤独，源自我们对处理人际关系的无知，因为现有的交流互动方式并不适用于所有人。随着科技的进步和社会的发展，独处和相聚的界限变得越发模糊，环境因素也不能完全解释孤独感。

幸运的是，孤独是个外部问题，可以被消除。你需要另一个人来帮你看清，孤独并非你本身存在的，你不需要改变自己的本质就能消除孤独。我希望成为那个帮你消除孤独的人。从现在开始，你和我就是一个团队，我们齐心协力一起化解孤独。让我们共同努力，远离孤独，消灭孤独，让孤独不再出现。事实上，你已经走上这条亲密之路了！

中资海派策划
为精英阅读而努力

练习感恩，改写婚姻、家庭、工作、健康和每一天的体验

身为知名杂志女主编，贾尼丝除了事业顺利，还拥有英俊的医生丈夫和两个杰出的儿子。然而，拥有令人称羡的生活，贾尼丝却总是把焦点放在人生的负面上，充满抱怨。直到她进行了一项感恩研究，才惊觉原来这一切都因为自己是个"不知感恩"的女人！

于是贾尼丝积极探访，从医生、心理学家、哲学家，到艺术家和好莱坞明星，深入了解感恩究竟能为生活带来什么好处，她也下定决心自己必须有所改变，就从每天写下3件感恩的事做起！

[美] 贾尼丝·卡普兰 著
张 淼 译

中资海派策划
定 价：39.80元

通过为期一年的"感恩日记"实验，贾尼丝发现生活中许多快乐稍纵即逝，但感恩却能够时时刻刻成为支持我们的力量。以感恩取代抱怨、用行动代替空想，每一天，我们都能从微不足道的小事中发现值得感谢的喜悦，成为点缀生命的美丽火花！

14个明媚瞬间，14种温暖从容，365天感恩练习
帮你熨开生活中的皱纹，捕捉平凡时光里的微笑能量

"iHappy书友会"会员申请表

姓　名（以身份证为准）：_____； 性　别：_____；
年　龄：_____； 职　业：_____；
手机号码：_____； E-mail：_____；
邮寄地址：_____； 邮政编码：_____；
微信账号：_____ （选填）

请严格按上述格式将相关信息发邮件至中资海派"iHappy书友会"会员服务部。
邮　箱：zzhpHYFW@126.com
微信联系方式：请扫描二维码或查找zzhpszpublishing关注"中资海派图书"

优惠订购	订阅人		部门		单位名称	
	地址					
	电话				传真	
	电子邮箱		公司网址		邮编	
	订购书目					
	付款方式	邮局汇款	中资海派商务管理(深圳)有限公司 中国深圳银湖路中国脑库A栋四楼　　邮编：518029			
		银行电汇或转账	户　名：中资海派商务管理(深圳)有限公司 开户行：招行深圳科苑支行 账　号：81 5781 4257 1000 1 交通银行卡户名：桂林　　卡　号：622260 1310006 765820			
	附注	1. 请将订阅单连同汇款单影印件传真或邮寄，以凭办理。 2. 订阅单请用正楷填写清楚，以便以最快方式送达。 3. 咨询热线：0755－25970306转158、168　　传　真：0755－25970309转825 E-mail：szmiss@126.com				

→ 利用本订购单订购一律享受九折特价优惠。
→ 团购30本以上八五折优惠。